Christina Kiehs-Glos

Wildrose

Christina Kiehs-Glos

Wildrose

Eine Heilpflanze
verwandelt das Feuer

*Mit Fotografien
der Autorin*

aethera®

Meinem verstorbenen Freund Walter,
der mir die ersten Rosen schenkte

Christina Kiehs-Glos liebt als Heimatstadt und Aufenthaltsort Schwäbisch Gmünd.
Pharmazeutisches Wissen und künstlerische Interessen finden Ausdruck in der Fotografie und begleitenden Worten.
Das Wesen von «heilenden Pflanzen» durch «heilende Bilder» zu vermitteln, ist das Anliegen.
Es ist erwachsen aus dem naturwissenschaftlichen Studium, der Begegnung mit der Geisteswissenschaft Rudolf Steiners, der Beschäftigung mit fernen Kulturen und eigenen Erfahrungen.

1. Auflage 2000
aethera im Verlag Freies Geistesleben & Urachhaus GmbH
Landhausstr. 82, 70190 Stuttgart
Internet: www.aethera.de
ISBN 3-7725-5018-5

Druck: Brepols, Belgien

Inhalt

Vamos! 7

Rosen erkennen 9

Allgemeine Merkmale der Wildrosengewächse 9
Die «Wilden»: Hundsrose, Weinrose, Muskat- oder Moschusrose 14
Rosa canina, die Hundsrose 14
Rosa rubiginosa, die Weinrose 17
Rosa moschata, die Muskat- oder Moschusrose 21

Voraussetzungen zur Beobachtung der Weinrose in Chile 25

Warum Chile? 25
Der lange Weg zu Rosa rubiginosa 28
Rosen-Montag 31

Die Weinrose morphologisch und physiologisch betrachtet 40

Das Rosengeheimnis 40
Rosen-Grün 46
Dornen und Stacheln 48
Reife-Geheimnis des Lebens 52
Dornröschen erwacht 58

Die Naturgeschichte der Wildrose 64

Die Kulturgeschichte der Wildrosen 67

Rosen in Asien 69
Rosen in Ägypten 71
Die Wildrose im alten Griechenland 72
Rosen in Rom 74
Kriemhilds Rosengarten 76
Die Rose im Christentum 79

Die Wildrose als Nutzpflanze 81

Die Wildrose als Heilpflanze 85

Die heilenden Prinzipien der Wildrose 85
Die Welt als Matritze göttlicher Nachrichten
und die Verwandlung des Feuers 93

Literatur 96

Vamos!

Als ich von der Weleda AG den Auftrag bekam, nach Chile zu fliegen, um Studien, Fotografien, Aufzeichnungen über die *Rosa mosqueta* zu machen, aus der das wertvolle Wildrosenöl hergestellt wird, reagierte ich zunächst freudig, aber auch etwas ängstlich, als hielte ich eine «Rose mit Dornen» in der Hand.

Wer ist diese *Rosa mosqueta?* Im Botanikstudium war sie mir nicht begegnet. Eine bestimmte Wildrose? Nein, viele Wildrosen verbergen sich hinter der in Südamerika gebräuchlichen Bezeichnung *Rosa mosqueta.* Alle, die Hagebutten tragen, lernte ich in Kürze: *Rosa canina, Rosa moschata*, vor allem aber *Rosa rubiginosa.* Was hatte ich mit dieser unübersichtlichen Pflanzengattung zu tun? Die Iris blühte noch in mir, und ich schrieb gerade ihre «Geschichte».

Jeden Morgen genoss ich zwar das Wildrosenöl der Weleda zur sanften Körpermassage, doch war es offensichtlich an meiner «Außenhaut» haften geblieben. «Außenhaftung» kann aber nicht der Sinn von Körperpflegeprodukten sein, die so komponiert werden, dass sie Leib, Seele und Geist erreichen und erfrischen. Nach diesem Eingeständnis klang der Auftrag wie ein Ruf in mein Leben, das offensichtlich nicht im «Irisgarten» verweilen sollte.

Mit langen Atemzügen sog ich den Duft des Wildrosenöles ein. Blatt um Blatt öffnete sich in meiner Vorstellung eine Knospe. Sie glich dem Geschichtsbuch meines Lebens. Ich staunte über meine schon gelebte Rosengeschichte:

Ich spürte, wie ich, als Vierjährige, nach dem Schlittenfahren von innen heraus auftaute mit «Kernlestee», der mit seinem Duft das ganze Elternhaus durchzog. Oder ich sang am Waldessaum «... und hat aus lauter Purpur ein Mäntlein um» – während die zerkratzten Händchen Hagebutten in die Milchkanne sammelten. Ich träumte im «Dornröschenkleid» auf dem rosenumkränzten Festwagen der Musikkapelle. Ich hielt die ersten Erinnerungsrosen in der Hand – Abschied von dem «duften» Sommersemester 1964. Ich empfahl im weißen Apothekenmantel Hagebuttentee zur milden Entwässerung

***Abb. 1:* Aus dem Nothofagusgebüsch ragt Rosa rubiginosa.**

bei Blasen- und Nierenentzündung. Ich zog ein Backblech mit «Hägenmarksgutsle» aus dem Ofen, alle Jahre wieder … – Kinder-, Familienweihnacht! Und ich staunte über das Feuer der Jugendliebe in den Augen meiner 96-jährigen Mutter, die – noch immer am Klavier sitzend – sang: «Seine Lippen sind die Rosen rot, seine Küsse bringen Dornennoth …» – späte «Minnelieder» der Frühen Zwanziger, die Rosenlieder von Philipp zu Eulenburg. Und immer wieder erzitterte ich aufs Neue, wenn in der Oper *Der Freischütz* der Brautkranz mit den weißen Todesrosen auftauchte.

Liebe, Feuer, Tod, Heilung, Traum, Freiheit – all diese Rosenblätter grünten schon in meinem Rosengarten. Ich staunte, wie vertraut und zugleich wenig bewusst mir die Rose – als Phänomen – bisher war. Ich spürte, ich hatte nicht zugelassen, dass das – den Hautstoffwechsel – anregende Wildrosenöl bis zu den Seelenprozessen durchdrang. Dort erst findet der eigentliche Stoff-Wechsel, die Verwandlung von Geist in Materie, die Transformation von Personalem ins Transpersonale statt. Wer sich mit mir auf die Wildrose einlassen möchte, wer sie als heilende Pflanze entdecken will, muss sich auf «Quantensprünge» und «Stoff-Wechsel» gefasst machen.

Es erschien mir plötzlich höchste Zeit, meinen Irisgarten zu verlassen und mich in den Rosengärten der Natur- und Kulturgeschichte umzusehen, auf Entdeckungsreise nach Chile zu gehen und vor allem meine innere Rosenhecke zu durchbrechen. Ich wollte nicht mehr auf den Prinzen warten.

Meine Angst vor dem Abenteuer, allein, nur mit Rucksack und Fotoausrüstung, durch die Anden zu steigen, wich dem Gefühl: Jetzt ist die Zeit der Rosen, meiner «Wild»-Rosen. Ich begann, mein «Haus des Feuers» zu öffnen, wie der Chinese sagt, wenn er seiner freudigen Energie Raum zur Gestaltung verleiht. Ja, ich ließ mich von der Idee der Rose tragen. Mein Anliegen ist es nicht, die Rose zu entmystifizieren, sondern anhand naturwissenschaftlicher Beobachtungen und beobachtbarer Fakten das Wunder «Rose» intensiv erlebbar zu machen.

So verwandelte sich der Auftrag, die Heilpflanze Wildrose an ihren Standorten in Chile zu studieren, in meine ureigenste Aufgabe. Ich wollte das Wesen dieser Pflanze mit all meinen Sinnen entdecken.

«Ein Künstler, der die ganze Wahrheit einer Blume erfassen will, muss diese neu schöpfen. Er muss zu ihrem Samen vordringen und den ganzen Weg bis zu ihrer Blüte gehen. Die gebogenen Blütenkelche offenbaren nur dem ihren Sinn, der auch die Windungen ihrer Wurzeln kennt.» Diese Worte von Paul Gauguin im Ohr und 130 Filme im Rucksack, bahnte ich mir meine «Via Rosa» ins feurige Chile, in die Hochanden und die Bergurwälder, durch Lavaschluchten und über Basaltrücken, in Universitätsbibliotheken und in die Herzen fremder Menschen. Sie wurden zu Freunden.

Muchas gracias allen, die mich mit ihren Gedankenkräften, ihren Gebeten oder ihrer tätigen Hilfe auf dieser Reise unterstützten.

Januar 2000 *Christina Kiehs-Glos*

Rosen erkennen

Die Rosen zu klassifizieren ist eine Aufgabe, an der wohl jede Generation erneut zu arbeiten hat. Zwar sind sie durch Blütenform und «Dornen» eindeutig als Rosengewächse zu erkennen, doch besteht eine schier unübersehbare Vielfalt der Arten. Zu den «Edlen» treten die «Wilden» hinzu, unter ihnen die Hundsrose. Ihr ist diese Darstellung vor allem gewidmet.

Allgemeine Merkmale der Wildrosengewächse •
Die «Wilden»: Hundsrose, Weinrose, Muskat- oder Moschusrose

Allgemeine Merkmale der Wildrosengewächse

Edle und Wilde

Wer kennt sie nicht, die dunkelroten Liebesrosen und all ihre verführerisch duftenden Schwestern in den Farben Tee, Cognac, Lachs, Rosé …! Sie haben als die «Edlen» in über 6000 Varianten in den verschiedensten Hochkulturen ihre Rosengeschichte geschrieben.

Doch wie steht es um die «Wilden», die Heide-, Flur-, Wald-, Wiesen-, Steppenrosen, die Apfelrose, Weinrose, Kartoffelrose, Zimtrose, Essigrose, Hundsrose – um nur wenige Arten unserer Heimat herauszugreifen? Sie sind zwar an ihren Blüten und «Dornen» eindeutig als Rosengewächse erkennbar, doch wie können wir sie voneinander unterscheiden?

An einem einzigen Wildrosenstrauch blühen manchmal hellrosa, weiße, dunkelrosa Blüten auf. Die Farben sind kein verlässliches Unterscheidungsmerkmal.

Unterscheidungsmerkmale

Non problemo für die Chilenen; denn in allem, was Hagebutten trägt, erkennen sie – *Rosa mosqueta.* Der Pflanzensystematiker dagegen studiert den Bau der Blüten und bei der Gattung *Rosa* vor allem die Hagebuttenformen und -ausprägungen sehr genau. Sie dienen ihm mit ihren fein abgestuften Unterscheidungsmerkmalen zur Klassifizierung. Becherartige, krugartige, amphorenartige Formen bilden sich ebenso aus wie birnen- und apfelähnliche «Gefäße». Die Chilenen greifen großzügig nach all den hochroten,

Abb. 2: Apfelrose

Abb. 3: Schottische oder Pimpinell-blättrige Rose

Gewinn bringenden Rosenfrüchten. Bei der bisher vorrangigen Verwendung zu Marmelade, Elixier, Mus, Suppen und zur Extraktion von Vitamin C war es auch nicht nötig, genauer zwischen den *Rosa mosqueta*-Arten zu unterscheiden. Bei der Verwendung des fetten Öles aus den Hagebuttenkernen, vor allem für innerliche Anwendungen, dürfte es notwendig werden zu studieren, welche Hybriden, d.h. welche im Laufe von Jahrmillionen entwickelten Rosenstraucharten sich in einer *Rosa mosqueta*-Hecke verstecken. Dazu bedarf es einiger Grundkenntnisse.

Alte Namen

Rose, Rosa, Roz – unter diesen Namen haben wir im Mittelalter Gartenformen, d.h. schon durch Züchtung veredelte Formen der Gattung *Rosa* aus der römischen Kultur übernommen. Die ursprünglich in Nordeuropa heimischen Wildformen wurden im 13. Jahrhundert *Hegdorn, Hagdorn, Haegdorn, Wepeldorn* und so weiter genannt und erst im 16. Jahrhundert als «Rosen» bezeichnet.

Wachstum

Sichtbares Wachstum der Jungtriebe, ausdauerndes Wachstum der mehrjährigen, verholzenden Äste, üppiges Wachstum des weitverzweigten, reichbegrünten und blühenden Strauches, pfahlwurzelartiges, unterirdisches Wachstum mit der Möglichkeit zur vegetativen Vermehrung – all das zeichnet die Wildrose aus.

Wachstum ist Ausdruck des Lebens, des inneren Feuers. Dieses scheint in der Rose ganz besonders mächtig zu lodern und sich in den Inhaltsstoffen – dem ätherischen, duftenden Öl in den Blütenblättern und dem gehaltvollen, fetten Öl in den Hagebuttensamen – zu materialisieren. In manchen Sprachen taucht die koptische Silbe *ouert* auf für Rose; *ouert, ward, vert, werd* …

Abb. 4:
Kartoffelrose

Abb. 5:
Weinrose

bedeutete *wachsen*, aber auch *Dornbusch. Ward, werd* klingt so schlicht wie unser *werden.* Wir assoziieren «und es *ward* Licht», die Schöpfungsformel. Wenn wir die Vitalität betrachten, mit der die Wildrose heute ganze Landstriche in Chile überzieht, so erkennen wir, dass die Lautsilben *ward, ouert, werd,* d.h. wachsen, wachsen, wachsen, sehr treffend gewählt waren.

Abb. 6:
Das Wort «ward» in arabischer Zierschrift

Die «Stacheln» oder «Dornen», das Rosaceen–Charakteristikum, ermöglichen den langen, ausladenden Trieben das Klettern und Ranken.

Die grünen Blätter entfalten sich meist unpaarig gefiedert, der Stielgrund ist zu einem so genannten Nebenblatt erweitert. Bei einigen Wildrosenarten sind diese Fiederblättchen und Stiele mit Drüsenhaaren besetzt. Diese Tatsache wird uns im Verlauf der Darstellung der Wildrosenarten noch intensiv beschäftigen.

Aufbau der Rosenblüte

Die 5-Zahl prägt den Aufbau der Rosenblüte: 5 grüne Kelchblätter umhüllen 5 weiße oder rötlich gefärbte Kronblätter, die eigentlichen Blütenblätter, in einem doppelten Rund. Kreisförmig umringen vielzählig, aber meist paarig geordnet die Staubblätter die zentralen Fruchtblätter. Das Phänomen der so genannten gefüllten Blüten, der «Edel»-Rosen, beruht auf der Mutationsfähigkeit der Staubblätter, der männlich genannten Organe. Sie sind es, die in sich die Anlage tragen, auch zum Blütenblatt umgestaltet zu werden. In den weit geöffneten «Edlen» können wir bei näherer Betrachtung deutliche Übergangsstufen finden: Manchmal ist ein Staubblatt verdickt, entfaltet sich wie ein winziges Blatt und sitzt dennoch auf dem Stiel des Staubblattes auf.

Die so genannten weiblichen Blütenteile, Griffel und Narbe, liegen dicht,

Abb. 7:
Rosa rubiginosa

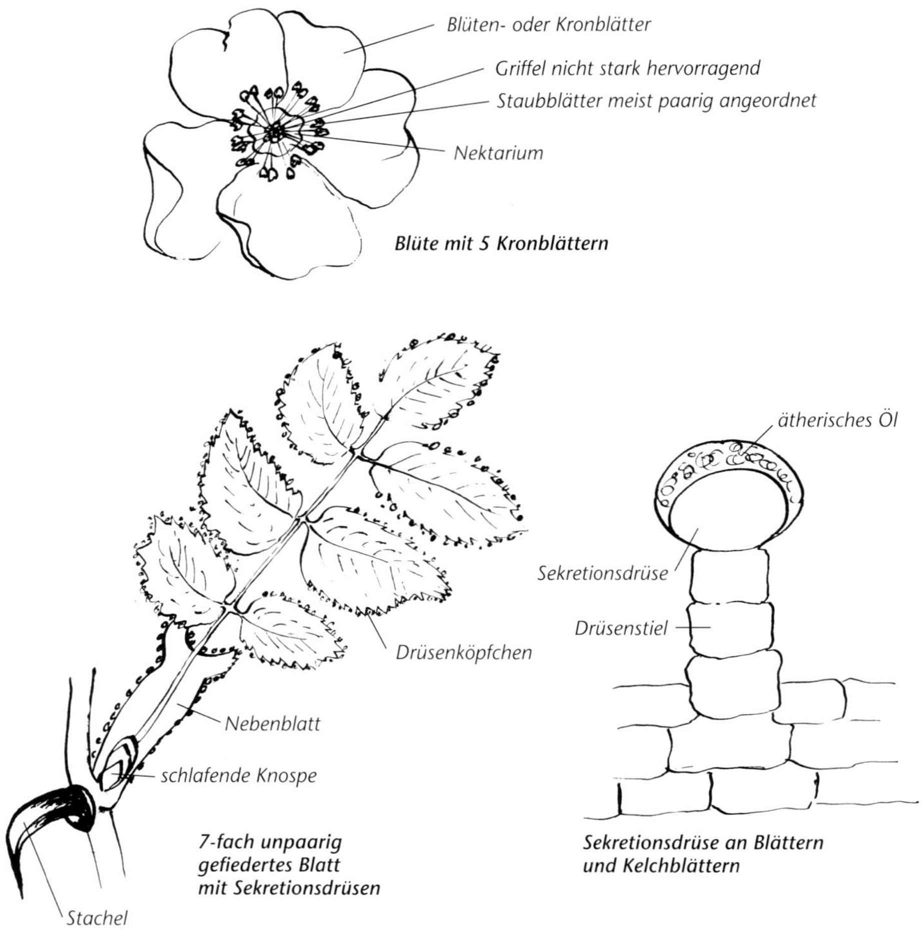

gleichsam verwachsen, in der Mitte des Blütenkreises, des Rosen-Mandala. Diese Griffelsäule ragt nur bei *Rosa arvensis* deutlich hervor, ansonsten bildet sie zusammen mit dem Nektarium die «Goldene Mitte» des Blütentellers. Der mit Nektar gefüllte Bereich, das Nektarium, leuchtet als goldener Ring und lockt mit seinem – bei Wildrosen – zarten Duft die bestäubenden Insekten an. Bienen, Hummeln, Schwebfliegen finden ihre Nahrung.

Hagebutte

Der unterständige Fruchtknoten schwillt während der Reifungsphase zur Hagebutte an und trägt in seinem «Krug» harte Nüsschen, in denen jeweils ein Same heranwächst, eingebettet in feine, kurze Haare. Als Sammelfrucht oder auch Scheinfrucht bezeichnet der Botaniker die Butte, die Hiefe; denn die Hagebutte ist in der Tat nur der Sammelbehälter für die vielen Früchtchen. Im Verlauf der Reife wird das Fruchtfleisch rot, weich, schmackhaft und reich an Vitamin C.

Andere Rosengewächse

Wer denkt schon beim Verzehr einer Birne oder eines Apfels, dass dies auch Rosengewächse sind? Die meisten unserer heimischen Obstsorten und Beeren zählen dazu. Beim *Apfel* z.B. ist der «Krug» so saftig ausgebildet, dass er für uns zur nährenden «Frucht» wird, während die eigentliche Frucht das Kernhaus ist, die Apfelkerne sind die Samen. Aber der Apfel gleicht insofern der Hagebutte, als bei beiden Frucht und Samen tief im Verborgenen heranreifen. Das Geheimnis der Frucht «des Baumes der Erkenntnis» will nicht entblößt werden.

Die *Erdbeere,* eine allseits als Frucht geschätzte Vertreterin der Rosaceen, weist eine Umkehrung des Sammelfruchtprinzips auf: Die Früchtchen sitzen als winzige Nüsschen außen auf der Beere, und wir verspeisen sie zusammen mit dem Blütenboden, der zur köstlichen Scheinfrucht angeschwollen ist.

Als Zwischenstadien lassen sich *Brombeere* und *Himbeere* einordnen. Bei beiden liegen die Früchtchen einzeln eingebettet in saftigen Sammelfruchtsegmenten. Im Gegensatz zu den Nüsschen der Hagebutte werden sie als Steinfrüchtchen bezeichnet.

Abb. 8: Auch die Erdbeere ist eine Sammelfrucht, die Nüsschen sitzen aber außen.

Heilkraft der Wildrose

Wir kennen die unterschiedlichsten Rosaceen als Nutz- und Nahrungspflanzen. Doch wie steht es um ihre Heilkraft? Gezielt gefragt: Was macht die Wildrose zur Heilpflanze? Heilpflanzen zeichnen sich vor anderen dadurch aus, dass sie in ihrer Anatomie oder in ihrem Stoffwechsel Besonderheiten aufweisen. Morphologisch gesehen haben wir in der Pflanze eine Dreigliedrigkeit vor uns aus der Wurzel, dem Sprossteil mit den Blättern und der Blüte. Physiologisch betrachtet, finden in der Wurzel stark verankernde, festigende Prozesse statt, im Blattbereich der Mitte ein rhythmisches Geschehen wie Blattentwicklung und Blattfall oder die Atmung und im Blütenbereich fortwährend ein Stoffwechsel, der bei der Wildrose charakterisiert ist durch den Wechsel in der Bildung von ätherischem und fettem Öl. *Rosa rubiginosa* aber bildet weit mehr ätherisches Öl in den Drüsenköpfchen aus, die auf Blättern, Kelchblättern und Stielen sitzen; d.h. *Rosa rubiginosa* ist in ihrem ganzen Wesen vorwiegend stoffwechselgeprägt. Ihre Geschichte als Heilpflanze macht es uns über Jahrhunderte hinweg deutlich. (Als Zwischenbemerkung wage ich hier zu sagen, dass die «Edlen» der Gleichwertigkeit von Wurzelbereich, Stamm-Blattbereich und Blütenausprägung deutlicher entsprechen. Und siehe da, sie heilen nicht! Zumindest nicht durch Inhaltsstoffe!)

Die Wildrose ist ein Strauch. Es kann aber zu so starker Holzbildung kommen, dass einzelne Äste zu Stämmen werden.

Aggregatzustände

In den Sommermonaten greifen drei Aggregatzustände ineinander: *Gasförmig* entfaltet sich der Duft; *flüssig* strömt das Wasser nährstoffbeladen durch alle Bereiche der Pflanze mit Ausnahme des Holzes; durch Abscheidung von Lignin wird die Zelle *fest,* sie verholzt – ein «Feuerprozess». Bis hinein in die Rosenwurzel reicht der Impuls zur Verholzung, wobei die Gesamtausprägung der Wurzel schwächer ausfällt, als es die ausladenden oberirdischen Strauchteile vermuten lassen. Gräbt man einen Wildrosenstrauch aus, so tritt das Ungleichgewicht unübersehbar zutage.

Starke Verzweigung, üppiges Grün, mehrblütiger Ansatz zur Fruchtbildung sowie Vielsamigkeit sind Charakteristika der Wildrose. Wer könnte jemals das Erleben eines feurig glühenden Hagebuttenstrauches im Herbst vergessen!

Die kurzen Rhythmen der Bildung von Blättern, Knospen, Blüten und Frucht und dem nachfolgenden Blattfall werden überlagert von der Dauerhaftigkeit der Rose. Auch wenn das Blütenfeuer erloschen ist, glimmt unter dem Aschgrau des Holzes noch die Glut. Sie kann bei der Vermehrung durch Stecklinge wieder entfacht und verwandelt werden.

Heilung steht immer in Korrelation zu innerer Bewegung. An der äußeren und inneren Dynamik im Stoffwechsel und in der Rhythmik haben Menschen, die Pflanzen genau beobachten, schon in frühester Zeit in der Wildrose eine Heilpflanze erkannt. Wie wir im Laufe unserer Betrachtung der Wildrose sehen werden, sind die frühen Erkenntnisse nach wie vor aktuell.

Die «Wilden»: Hundsrose, Weinrose, Muskat- oder Moschusrose

Rosennamen überraschen stets aufs Neue. Die deutschen wie auch die lateinischen Bezeichnungen dieser drei Wildrosenarten weisen auf ihre Eigenschaften hin, ja bergen in sich verlorengegangenes Wissen der alten Hochkulturen Ägyptens, Persiens und Griechenlands. Alle drei Wildrosenarten werden vom Menschen als Nutzpflanzen oder Heilpflanzen geschätzt. Ich beschränke mich in diesem Buch auf ihre Beschreibung.

Rosa canina, die Hundsrose

Rosa canina steht für die ganze Gruppe der «Hunds»-Rosen wie auch für eine einzelne Art, weshalb sie in der Literatur des öfteren für Verwirrung sorgt.

Was hat die Rose mit dem Hund zu tun?

Rosa canina heißt wörtlich Hundsrose. Das lateinische *canina* entspricht dem griechischen *kynos.* Der Wortstamm taucht in *kynosbatos* oder latinisiert *cynosbatus,* d.h. in der Bezeichnung der Hagebuttenkerne als *Fructus cynosbati* auch in unserem Apothekensprachgebrauch auf. Was haben aber die Früchte, was hat gar die Rosenblüte mit dem Hund zu tun? Bei Plinius, dem römischen Naturforscher, finden wir die Erklärung: Blätter, Wurzeln, Samen und die auf der Wildrose häufig wachsenden moosähnlichen Rosenwespengalläpfel hielt man für wirksame Gegengifte gegen tollwütige Hunde, aber auch gegen Skorpion- und Giftschlangenbisse. Diese bisher unbestätigte therapeutische Wirkung hat über Jahrhunderte den Namen zementiert. Für mich eröffnet die Darstellung, wie sie Plinius gibt, kulturgeschichtliche Zusammenhänge von weit größerer Dimension. Die Wildrosen sind Sommerpflanzen und beginnen mit der Blüte Ende Mai. Juni ist der eigentliche Rosenmonat.

***Abb. 9:* Vier Entwicklungsstadien am Weinrosenstrauch, eine Seltenheit!**

Abb. 10: Rosa canina, die Hundsrose

Im Juni steigt mit dem Sternbild der Zwillinge auch das Sternbild «Großer Hund» über den Horizont; die «Hundstage» erinnern daran.

Die Hundsrose, die in unseren nördlichen Breiten am häufigsten vorkommt, bildet z.B. am Albtrauf weit ausladende Büsche. Sie bevorzugt Böschungen, sogar steile Berghänge, an denen unser Fuß abrutscht. Weitblick, den Wind um die Ohren, trockene Füße – all das findet sie auf der Schwäbischen Alb im kalkhaltigen, teilweise lehmigen und eisenhaltigen Untergrund.

Ein «Tausendjähriger» Rosenstock

Weltberühmt wurde sie als «Tausendjähriger Rosenstock von Hildesheim», wobei die meisten Botaniker meinen, dass das Alter eher auf 300 Jahre zu begrenzen sei – ein immer noch sehr hohes Alter, das auf eine typische Eigenschaft der Wildrosen hinweist, nämlich ausdauernd zu sein, immer neue Wurzelschösslinge zu treiben, die volle Blütenkraft entfalten.

Die Wurzelschösslinge, d.h. die einjährigen Sprosse, treiben grün und mit starken Stacheln bewehrt aus der Erde; der Stachelgrund ist breit zusammengedrückt, die Stachelspitze leicht gebogen.

Die sieben Fiederblättchen der Hundsrose tragen nur an dem Nebenblatt feine Drüsenhaare, ansonsten sind sie kahl, einfach gesägt mit vorwärts gerichteten Zähnen, beidseitig grün. Auch die Blütenstiele und Kelchblätter sind drüsenlos. Sie schlagen nach der Blüte zurück, als ob sie sich am Fruchtknoten anklammern wollten. Schon nach zwei Wochen, mit dem Anschwellen des Fruchtknotens, fallen sie ab. Diese beiden letztgenannten Merkmale helfen uns, die nächste zu beschreibende Rosenart, die Weinrose, deutlich als eigenständige Wildrose zu erkennen.

Rubigo bedeutet Rost. Der Name *Wein*rose rührt vom apfelweinartigen Duft her, der dem gesamten grünenden Strauch entströmt. Was aber ist der Rost?

Es wurde schon gesagt, dass die grünen Fiederblätter der Hundsrose kahl sind. Bei der Weinrose sind «vom ersten Tag an», d.h. vom Erscheinen der ersten zwei Keimblättchen an, der Blattrand, die Blattunterseite sowie das hauchzarte Stielchen mit deutlichen Drüsenhaaren und Drüsenköpfchen besetzt. Die leichteste Berührung genügt, und unsere Finger fühlen sich ölig, harzig an. Sie duften, für mich, nach «Burrweiler Riesling, Jahrgang ‚79».

Duftendes ätherisches oder harziges Öl

Als *gul-shamur*, Rosenschleim, war das Sekret den Persern bekannt und wurde – laut dem Pharmakologen Tschirch – auch genutzt. Von «Rosendreck» sprachen die Pflückerinnen, denen das eingedickte ätherische Öl beim Ernten der Blütenblätter unangenehm an den Fingern klebte. In Chile habe ich angeregt, diesen duftenden Bestandteil auf seine Verwendbarkeit zu prüfen, sei es als konservierendes Element im *Aceite rosae,* dem fetten Rosenöl der Kerne, sei es als Duftkomponente, um die Vollkommenheit der *Rosa rubiginosa* auszukosten.

Mit der Entwicklung der zahlreichen Fiederblätter, die 5 bis 7 doppelt gesägte Teilblättchen tragen, breitet sich das Drüsenkleid aus. Füllen die Drüsen sich unter dem Einfluss der Sonne mit Sekret, einem ätherischen, eher harzigen Öl, so nehmen sie auf der Blattunterseite eine braungoldene Farbe an, die als Rost bezeichnet wird, wenn sie im Gegenlicht leuchtet.

Die Weinrose bleibt etwas kleiner als die Hundsrose; auf freiem Feld erreicht sie selten mehr als zwei Meter Höhe. Findet sie allerdings eine Stütze, um zu ranken, so schafft sie spielend 5 bis 6 Meter, denn sie ist weit mehr stachelbewehrt als die *Canina* und verhakt sich beim Klettern noch stärker in sich selbst.

Sterngekrönte Hagebutten

Öffnen sich die ebenfalls dicht mit Drüsenköpfchen besäumten Kelchblätter, so bilden sie einen fünfstrahligen Stern, der nicht nur die Zeit der Rosenblüte über «strahlt», sondern ebenso die Hagebutte krönt, ja mit ihr verwachsen bleibt, bis sie geerntet oder von Vögeln verspeist wird. Langsam verlieren die Kelchblätter dann ihre grüne, frische Farbe und gehen über Braun in eine tiefe Schwarzfärbung über. Die Drüsenhaare vertrocknen, bleiben aber als winzige weiße Pünktchen deutlich erkennbar. So erkennen wir auch im blattlosen Winterkleid die Weinrose an ihren vereinzelt die Schnee-und Eiseskälte überdauernden, charakteristisch gekrönten Hagebutten.

Stacheln

Ein weiteres, klares Merkmal der Weinrose tritt ebenfalls erst nach dem Blattfall zutage: die zahlreichen nach abwärts gebogenen Stacheln, die, mit winzigen Stachelspitzen durchsetzt, alle verholzten Teile überziehen, d.h. Äste und Zweige bis hinab zum unteren Stammteil. «Der Teufel hat sie aus Ärger abwärts gebogen, da er einst vergeblich versuchte, auf dieser Leiter den Himmel zu stürmen.» Der Volksmund verbirgt hinter solchen Aussagen ein oftmals lange – verschlüsselt – weitergegebenes Wissen. Deshalb werden

Abb. 11: Millionen von Drüsenhaaren entströmt der Weinduft.

Abb. 12: An den zarten Zweigspitzen sitzen die Rosenblüten einzeln.

wir bei der Betrachtung der Beziehung zwischen Mensch und Rose immer wieder auf Legenden und Märchen achten müssen.

Sogar der Name *Christusdorn* ist für die Weinrose gebräuchlich. Auch diesen Namensgebern stachen die stark abwehrenden, Raubvogelschnäbeln gleichenden Stacheln ins Auge, zusammen mit den rostroten Flecken, die sich auf der Rinde bilden und die als Blutstropfen gedeutet wurden.

Im Arabischen steht *bedegar* für Stachel. Ältere Botaniker übertrugen diese Bezeichnung zunächst auf die ganze Pflanze. Heute schränken wir die Bezeichnung *bedegar* auf die Schlafkunze, die moosähnlichen, teilweise auch recht derb wuchernden Rosenwespengallen ein. Diese Gallwespe ist einer der Schädlinge, welche die Wildrose heimsuchen. Jedoch enthält die apfelrunde Astwucherung, der Gall-Apfel, den Gerbstoff Tannin und wurde deshalb in der Volksmedizin als Gegenmittel bei Durchfall eingesetzt.

Farbnuancen

Goethe konnte sich nie recht entscheiden, ob er die Blütenfarbe der *Rubiginosa,* diesen hellen Purpur, als pfirsichblüt, karmin oder rosenfarben bezeichnen sollte. Die *Rubiginosa* führt uns, je nach Standort und klimatischen Verhältnissen, viele zarte Farbnuancen vor.

Rosa rubiginosa hat die Fähigkeit, an noch exponierteren Stellen zu wurzeln als die *Canina.* Von West-Asien über Italien und Spanien nach Norden über Frankreich, England, Deutschland bis Südskandinavien ist sie zuhause. Da sie in der Heide und auf den Nordsee-Inseln fehlt, aber bis in felsige Hänge hinaufsteigt, wundert es nicht, dass sie in den Anden eine ihren inneren Bedürfnissen entsprechende «Heimat» fand.

Abb. 13:
***Rosa moschata** mit zurückgeschlagenen Kelchblättern*

Abb. 14:
*Die Stacheln von **Rosa moschata** sind gerade – nicht flachgedrückt – und ohne Zwischenstacheln.*

Rosa moschata, die Muskat- oder Moschusrose

Schon bei der Übersetzung des Namens dieser Wildrose ins Deutsche treten in den verschiedenen Botanikbüchern die ersten Ungenauigkeiten auf. Diese Definitionsschwierigkeit leite ich ab aus der Unklarheit ihres Erscheinungsbildes. Rosen neigen stark zur Hybridbildung, das heißt zur Entwicklung neuer Arten mit manchmal minimalen Unterschieden. Außerdem sind sie nicht sehr standortgebunden. Aufgrund ihrer großen Anpassungsfähigkeit können sie überall Fuß fassen, wo Menschen sie aussäen oder Vögel ihre Samen fallen lassen. So kam es im Laufe der Jahrmillionen bei den Rosengewächsen zu unüberschaubaren Kreuzungen und Variationen, wobei man festhalten muss, dass eine neue Mutante wiederum lange Zeit in sich stabil bleibt.

Rosa moschata zeichnet sich durch lange, reichblütige Triebe aus, die auf der Erde kriechen, falls sie keinen Halt zum Klettern finden. Die Stacheln sind zerstreuter als bei der Weinrose, jedoch ebenso gekrümmt. Sie trägt kein vergleichbares Drüsenkleid. Die Blüte duftet verhalten nach Muskat. Die Kelchblätter verhalten sich wie die der Hundsrose, sie fallen drei bis vier Wochen nach der Blüte ab. Die Früchte sind groß und sehr fleischig, daher sehr «ergiebig».

Was im Spanischen der Sammelbegriff *Rosa mosqueta* umfasst, wird im französischen Sprachraum unter *Rose églantier* subsumiert. Daraus wurde diesseits des Rheins «Engeltier» für Wildrosen, deren Früchte schmackhaft sind.

Abb. 15:
Morgentau auf Spinnweben künden auch im chilenischen Hochland den Herbst an.

Abb. 16:
Der einjährige Wurzelspross im zartrosa Kleid des verwandelten Erdenfeuers

Abb. 17:
Durch Winter und Schnee gealterte Hagebutte im Licht ihrer Transparenz

Voraussetzungen zur Beobachtung der Weinrose in Chile

Mit den Spaniern kamen auch die Wilden Rosen nach Südamerika und breiteten sich schnell aus, da sie eine ihnen gemäße Bodenbeschaffenheit vorfanden. Heute sind sie zu einem Wirtschaftsfaktor geworden, vor allem seit es gelungen ist, das wertvolle Öl der Samen schonend zu extrahieren. – Eine Reise durch Chile mit seinen bis in große Höhen reichenden Wildrosenbeständen lässt den Reisenden eintauchen in das geheimnisvollle Leben dieser Pflanzen, die sich mit großer Kraft und Ausdauer in Regen und Dürre, Hitze und Kälte behaupten.

Warum Chile? • Der lange Weg zu Rosa rubiginosa • Rosen-Montag

Warum Chile?

Besonderheiten des chilenischen Rosenöls?

Warum Chile? Diese Frage eröffnet weitere: Warum importieren wir Hagebuttenöl aus Chile, wo doch die deutschen Steppenheiden mit ihren ausladenden *Rosa canina*-Büschen so viel näher liegen? Was zeichnet das chilenische Öl vor den heimischen Produkten aus?

Durch Laboranalysen, die Beobachtung der Faktoren Klima, Topografie, Geologie und ihres Einflusses auf die Physiologie der Rosen sowie durch Gestaltstudien der chilenischen Wildrosen wollte ich versuchen, obige Fragen zu beantworten. In der Hoffnung, dass mir die Wildrosen selbst eine Antwort geben, begann ich, die Koffer zu packen und in der Kürze der verbliebenen Zeit Grundinformationen aus der Rosengeschichte zu sammeln.

Jeglicher Pflanzenatlas ordnet die Wildrosen der nördlichen Hemisphäre zu. China und Persien konkurrieren noch immer als Ursprungsländer. Wie also kamen die Wildrosen nach Chile? Und warum gerade «Wilde» und nicht die «Edlen», die Königinnen unter den Blumen?

Abb. 18: Rosenland Chiles von 600 m bis 2000 m

Wie die Rosen nach Chile kamen ...

Im 16. und 17. Jahrhundert, als die Conquistadores zu ihren unrühmlichen und grausamen Gold- und Silber-Beutezügen nach Mittel- und Südamerika aufbrachen, hatten die Spanier längst Erfahrung mit Rosen, auch mit den «Wilden», die ganze Landstriche undurchdringlich machen, vor wilden Tieren schützen und dazu noch schmackhafte Früchte mit Heilwirkung liefern. Die Wildrose hatte ihren festen Standort als Nutzpflanze eingenommen.

Wer blutrünstig erobert, schafft sich Feinde. Die spanischen Eroberer versuchten ihre den Araucos, den Ureinwohnern Chiles, abgekämpften Gebiete mit Schutzwällen aus den dornenreichsten Wildrosen zu sichern – eine auch von den Germanen erprobte Methode. In dem warmen Klima gediehen die Wildrosen besonders rasch, dicht und üppig.

... und sich verbreiteten

Nach der Befreiung Chiles von der spanischen Vorherrschaft im Jahre 1810 verselbständigten sich die Wildrosenpflanzungen. Wo die Bodenbeschaffenheit artgerecht war, setzte alsbald *ouert,* das Wachstum der Rosenbüsche, üppig ein. Sie erklommen die sanft gewellten Hügelketten um Yumbel und gediehen besonders großflächig in Höhenlagen von 600 bis 800 m. Sie ließen sich auf Lavafeldern nieder, soweit genügend Feuchtigkeit vorhanden war, kletterten an Nordhängen bis auf 2000 m oder nahmen ganze Flusstäler ein, die nur selten überschwemmt wurden.

Niemand bot dem Gestrüpp Einhalt, waren doch die Hagebutten nutzbar und essbar. Dazu gab es Land genug für die Siedler, die im Zuge der 1848er-Revolution aus Europa nach Chile einwanderten. Doch erst in unserem Jahrhundert brach der Hagebuttenboom aus. Als preisgünstigen und dazu noch gesundheitsfördernden Bestandteil von Tomatenketchup eröffnete die nordamerikanische Lebensmittelindustrie einen neuen Erwerbszweig. Rasch schickten die Ureinwohner Chiles sich an, in mühsamer, «blutiger» Arbeit das Sammeln der Hagebutten zu Fuß und zu Pferd auch in schwer zugänglichen Gebieten zu übernehmen. Doch leider waren die Fundo-Besitzer wieder schneller. Mit unüberwindlichem Stacheldraht zäunen die Großgrundbesitzer heute ihre Wildrosenareale ab. Und die Araucos und Mapuches zahlen wieder, nämlich die Lizenz zum Sammeln der Hagebutten, die ohne jegliche Pflege wachsen und Früchte tragen. 30000 Tonnen Hagebutten wurden 1997 von Hand gesammelt.

Hagebuttenboom

Hoffnung erscheint jedoch am Horizont. Lange Zeit waren die Hagebuttenkerne ein Abfallprodukt. Wegen ihrer harten Schale kamen die winzigen Nüsschen selbst als Tierfutter nicht in Betracht. Es gab keine Möglichkeit, sie auf kostengünstige Art und Weise aufzuschließen.

Gewinnung des Samenöls

Extraktionsversuche liefen in den Universitätlabors von Concepçíón und Santiago de Chile, denn die Abfallberge waren immer größer geworden, und man vermutete wertvolle Inhaltsstoffe im Samen. Dies zu Recht. Mit dem chemischen Lösungsmittel n-Hexan gelang es, das fette Öl der Samen zu extrahieren. Danach folgten Versuche mit Kohlendioxid. Bei beiden Verfahren wurden auch unerwünschte Substanzen gelöst. Für innerliche Zwecke konnte das so gewonnene, nicht rückstandfreie Öl nicht verwendet werden, obgleich die Laboranalysen wertvolle essentielle Fettsäuren als Bestandteile signalisierten.

Im Dezember 1998 erfolgte der Durchbruch. Luis Hinrichs, Pharmazeut der Universität Concepçíón, entwickelte zunächst eine mechanische Spalteinrichtung zur sauberen, aber behutsamen Öffnung der Hagebuttenkerne und zur sorgfältigen Trennung von Samen und Fruchtschale. Danach erst war der Weg frei für eine absolut schonende Kaltpressung des fetten Kernöles. Die neuesten Analyse-Ergebnisse zeigen hervorragende Eigenschaften.

Schon gibt es Überlegungen zum kontrollierten biologisch-dynamischen Anbau von Wildrosen. Prof. Paillan von der Universität Talca arbeitet an einem Konzept, um für kleinere Bauern, Araucos und Mapuches, eine Erwerbsquelle mit «Fairem Handel» zu schaffen.

Aceite Rosae / Rosa rubiginosa affiliata steht auf den nach Europa exportierten Öl-Behältern. *Affiliata* bedeutet *ähnlich.* Wir werden uns mit *Rosa rubiginosa* eingehend beschäftigen müssen.

Abb. 19: Vom Ackerland bis zu den Andenvulkanen reicht das Ausbreitungsgebiet der Rosa mosqueta.

Abb. 20: Im Tal des Rio Bio-Bio

Der lange Weg zu Rosa rubiginosa. Auszug aus meinem Südamerika-Tagebuch

Etwas von dem Nomadenblut der Wildrose spüre ich in meinen Adern pochen, als ich den Omnibus der Linie Ormeno in Lima besteige, um fahrend den Norden Chiles topografisch kennenzulernen, des Landes, das zur Heimat der *Rosa rubiginosa,* der Weinrose, geworden ist. Danach will ich mich zu Fuß auf die Suche nach Rosenspuren in Mittel-Chile begeben.

Fahrt ins Rosenland

Luis Hinrichs, durch die einzige Weleda-Niederlassung in Chile über meine Aufgabe informiert, erwartet mich mit einem zur Fahrt ins Rosenland bereiten Jeep. Gepflegte Straßen, goldgelbe Kornfelder, ausgedehnte Wälder, sanftes Hügelland. «Albhochfläche» – durchzuckt es mich. Kein Wunder, dass hier Deutsche siedelten! Auch bei 90 Stundenkilometern erkenne ich Rosenbüsche, kann ich Blätter, Zweige ausmachen. Doch wo sind die Blüten, die Knospen? Grüne Hagebutten, so weit das Auge reicht. «Jetzt ist die Zeit der Rosen» klang es fast höhnisch in meinen Ohren. Noch bevor der chilenische Frühling richtig ins Land gezogen ist, reifen schon herbstlich die Hagebutten. Wochenlange Sonne, kein Tropfen Regen, Dürre. «El niño» 1997 habe den Jahresrhythmus verändert.

Wir queren das Land, hoffen auf das feuchtere, höher gelegene Tal des Rio Bio-Bio. Doch auch hier tanzen die Mapuches ihre stampfenden Regenbeschwörungen und tragen die Büsche Hagebutten.

Abb. 21: Auch in der Nachbarschaft von Bromelien gedeihen Wildrosen.

Abb. 22: In den peruanischen Hochanden finden sich Rosen noch in 3600 m Höhe.

Ein 300 km nördlich gelegenes Paralleltal, das Valle des Rio Renegado, liegt noch höher, bietet noch eine Chance. Dort gibt es direkt am Fuße des Vulkans Chillan eine Berghütte, ein Refugio, von einem Mapuche-Ehepaar bewirtschaftet. Also besteige ich wieder einen der großen Überlandbusse zurück nach Chillan.

Der kleine Marktbus von Chillan klappert in zwei Stunden das Valle Renegado ab, bringt mich nach Recinto, an die Polizeistation, wo mich – kaum kann ich es fassen – Federico und Sonja, zwei herzliche Mapuche, die Hüttenwirte, in Empfang nehmen. Noch 32 km bis zum Refugio.

Gletscherbach und Urwalddickicht

100 m vor der Hütte blühen zwei wilde Rosen! *Rubiginosa!* Welche Verheißung an diesem wolkenlosen, hitzeschwangeren, letzten Tag des Jahres 1998. Ich sammle trockenes Nothofagus-Holz für das Silvesterfeuer. Nach wenigen Schritten überwältigt mich das Rauschen des Gletscherbaches: La Cascada. Eine regenbogenfarbene Oktave stürzt ins Urwalddickicht. Im tiefen Bass nährt sie Fuchsien und Kolibris. Ich trinke die Musik, atme die Schönheit. Kaskaden von Gedanken rauschen durch mein Gemüt. Ich bin aufgewühlt und still zugleich. Ich umarme den Abendwind.

La Luna. Im Silberglanz hebt sich der Vollmond über den Vulkan. Federico schwenkt seinen Sombrero: «Muchas gracias», altes Jahr, «buenos dias», Neujahrsmorgen. Salsa ist angesagt. Salsa erfüllt die Urwaldnacht – ich tanze meinen Wildrosen-Beschwörungstanz …

«Jetzt ist die Zeit der Rosen!» Meine Zeit!

VIA ROSA

Wein-Rosenduft
trug
meine Füße
von
Strauch zu Strauch.

Nun
kehre ich zurück,
messe
den
Weg
aus
von Schatten zu Schatten
der
gigantischen
Nothofagus-Bäume.

Rosen spenden keinen Schatten.

Heiße Luft
schwirrt
wie
ein
Kolibri
über rosenfarbenem Granit.

Meine
Zunge
klebt
am Gaumen.

Wie
fern
klingt
der Wasserfall.

Duft nach Rosen-Grün

Immer, wenn sich der Wind regte, duftete es nach Rosen, nach wilden Rosen. Es war nicht der süßschwere Duft der dunkelroten Liebesrosen, nicht der purpurne Lenzesduft, den der Chronist in den Rosengärten der Gemahlin des Childebert in Paris geschnuppert hatte. Es duftete nach Rosen-Grün, frisch, herb und unverkennbar nach dem Bouquet der *Rosa rubiginosa*. Ich benötigte kein botanisches Bestimmungsbuch, um sicher zu sein. Auf meine Spürnase war Verlass. *Via rosa* taufte ich alsbald den Grenzweg zwischen Bergurwald und Trockenhang, den die Weinrose in großen Büschen säumt.

«Mit bloßen Füßen durch die Lava waten, bis der Vulkan in mir glüht» – so steht es in meinem Tagebuch …

Hätte nicht dieser unwiderstehliche Duft gelockt, ich hätte in der chilenischen Sonnenglut den mühsamen Sink-Schritt durch den heißen, schwarzen Lava-Sand gemieden, die Lava, die nach dem Ausbruch des Vulkans Chillan der Rio Renegado in jahrhundertelanger Arbeit zu Tal geschwemmt hatte. Rosen locken, auch, wenn sie grün duften.

Rosen-Montag

Abb. 23: Orange leuchtet der Gintral aus den Nothofagusgipfeln.

Abb. 24: Mitten im Bergurwald «meine Hütte» in 1200 m Höhe

Abb. 25: Hängendes Flechtennetz mit Sporenständer

Abb. 26: Die Heilpflanze Gintral wächst wie unsere Mistel als Halbschmarotzer.

Abb. 27: Feuerfarben glüht Alstromeria im Urwalddunkel.

Abb. 28: «La Cascada», die Wasserquelle «meiner Hütte»

Abb. 29: Bambusdickicht, das Unterholz des Bergurwaldes.

Abb. 30: Fuchsiennektar nährt Hummeln und Kolibris.

Sie zögerte unterzugehen. Zwischen den Nothofagus-Ästen flammte die Sonne mit feuriger Kraft hindurch, griff immer aufs Neue nach ihrer Spiegelfläche, dem Schnee- und Lavafeld des Vulkans Chillan. Dann ein rasches Erlöschen. Jetzt erst wandte ich mich nach Westen.

Wolken zogen auf. Wolken vom Meer lasteten schwer auf dem Bergurwald in 1200 m Höhe, der sich auf dem schwarzen Basaltrücken entlang des Valle Renegado ausdehnt. Wolken mögen auch die Stimmung eines Fotografen zeitweise verdunkeln; in mir schürten sie die Hoffnung auf das Ende der Trockenzeit und einen – alle Pflanzen – belebenden Regen.

Hatten die Mapuches lange genug getanzt? Hatten die Regengötter Erbarmen? Obgleich noch kein Tropfen gefallen war, «duftete» es schon nach feuchter Erde. Ehe die Erinnerung vom Regen weggeschwemmt würde, wollte ich sie im Tagebuch festhalten, in nebenstehendem Gedicht.

Als Fackel der Nacht blieb dem Mond keine Chance. Der Zorro, der schäferhundgroße Urwaldfuchs, der mich mitten am Tage auf einem fußbreiten Urwaldpfad erschreckt hatte, erschien nicht, die Hütte umschleichend. Blieb er mit knurrendem Magen in seiner Erdhöhle?

Dumpf und schwer fielen die ersten Tropfen. Einem Tropenregen gleich stürzten alsbald die Wassermassen aus der immer tiefer hängenden Wolkendecke. Ich jauchzte mit den Flechten, die sich während der wochenlangen Trockenheit tief in ihr Sporenkleid zurückgezogen hatten. Es war ihre Nacht der Entfaltung.

Und meine Rosen? «Jeder Tag ein Abenteuer, meine Träume verraten es

23

24

25

26

27

28

29

30

mir», notiere ich, bevor mich der Regen, auf das Hüttendach trommelnd, in Trance und Traum tanzte.

Dann der nächste Morgen. Königsblau erstrahlte die Himmelsweite. Eine Neuschneekappe barg den Vulkan. Tiefschwarz knirschte der Lavasand unter meinen Tritten. Mit schmeichelnder Kühle wusch mir der von Wasserperlen triefende, mannshohe Bambus Gesicht, Arme, Beine auf dem fußschmalen Pfad zu *Rosa rubiginosa*.

Rosen reagieren rasch. Knospen, die am Vortag noch am äußeren und inneren Feuer zu vertrocknen schienen, hatten sich neugierig aufgerichtet. Die Kelchblätter spreizten sich selbstsicher ab.

Tagebuchskizze vom 4. Januar 1999

Für mich ist es «Rosen-Montag» im chilenischen Hochsommermonat Januar. Mein Herz feiert eine «Rosalia», wie bei den Römern die einst rauschenden Rosenfeste hießen.

Die Blüten öffnen sich: ein Blütenblattreigen

Da der Wind schweigt, glaube ich das lautlose Öffnen der rosenfarbenen Blütenblätter zu hören. Doch nur das Auge teilt dem Ohr mit, was es durchs Makro-Objektiv erspäht. Prinz Sonne küsst Dornröschen wach. Spiralig löst sich – von außen nach innen sich fortsetzend – Kronblatt um Kronblatt. Doch ist auch ein von tiefer innen aufsteigender Lebens-Feuer-Impuls spürbar, denn gleichzeitig entfalten sich am Blütengrund die Staubblätter, voll bereitet und ausdifferenziert für ihre Aufgabe im Kreislauf des Werdens und Vergehens.

Wieder überwältigt mich das wortlose Einssein, diese Harmonie von innerem Wissen und Hingabe an das Einströmen der Sonnenenergie von außen. Dulden, ausdauernd sein, sich durchdringen lassen. Pflanzen zeigen den Weg der Vollkommenheit, den wir Menschen so mühsam suchen, spielerisch auf.

Nach dreimal einer Viertelstunde hält der Blütenblattreigen inne. *Rosa rubiginosa* genießt ihr Blütesein im aufgerichteten Kelch, haucht den ersten Duft in den Morgen. Weit zarterer Duft als den Blättern entströmt dem frisch gefüllten Nektarium, dem Zentrum des Rosen-Mandala. Mir fallen die Worte von Sabine Kübler ein, der Leiterin des Rosen-Museums in Steinfurth: «Duft ist das zarteste Symbol göttlicher Nähe.»

An allen Rosenbüschen, die meine *Via rosa* an diesem Rosen-Montag säumen, wiederholt sich das Schauspiel des taufrischen Erblühens. Rosen sind unberechenbar und offenbaren nur zögernd ihren inneren Rhythmus des Aufblühens. Mal öffnet sich an der Zweigspitze eine Blüte, mal im stachelbewehrten Dickicht. Nur innerhalb eines Seitentriebes lässt sich eine Rangfolge erkennen, vor allem später, an der Abfolge des Reifens der Hagebutten.

Kurzes Rosenblütenleben

Ein Rosenblütenleben währt nur 48 Stunden. Danach ist der Duft verströmt. Während eine mit dem Auge kaum wahrnehmbare Schlaf-Wach-Bewegung, d.h. eine Schließ- und Wiederöffnungsbewegung der geöffneten Blüte den Wechsel von Tag und Nacht mitvollzieht, ist das Sterben der rosenfarbenen Kronblätter nur ein stummes Loslassen. Die einzelnen Rosenblätter

Abb. 31: Rosa rubiginosa in den Hochanden.

rollen beim «Welken» nicht ein, sie trocknen nicht aus, sie hängen nicht trauernd nach unten – kein sichtbarer Welkvorgang ist zu erkennen. Ein wenig blässlicher als beim Erblühen lassen sie sich vom leichtesten Windhauch wegtragen oder sinken einfach in das Blätterdickicht des Rosenstrauchs hinab.

Kann sterben so leicht sein? Vielleicht, wenn das Erinnern die Lebenszeitgrenze überschreitet. Trägt jede lebende Rose noch immer die Erinnerung an ihren Ursprung im Tertiär in sich? Oder gar das Wissen, dass alles Leben zeitlos ist und nur Wandlung von Einfalten, Ausfalten, Einfalten, also Metamorphose im Sinne Goethes? An der Rose als dem eindrücklichsten Beispiel machte Goethe seine Studien zur Metamorphose der Pflanzen zeichnerisch sichtbar.

Wo war der Regen hergekommen? Aus dem Westen. Die Piloten der Lufthansa-Maschine, die ich während des Hinflugs nach Südamerika wegen eigenartiger Wolkenbildungen über der Karibik im Cockpit aufgesucht hatte, hatten mir geschildert, welche weiträumigen Auswirkungen der kalte Humboldt-Strom entlang der Pazifikküste Südamerikas auf das Gesamtklima hat. Der Hochnebel, der dadurch an der Küste herrscht, trägt mit jeder Windströmung, trotz extremer Sommerhitze, immer etwas Feuchtigkeit in das Landesinnere. Ohne dieses Maß an Luftfeuchtigkeit könnten die meterlangen Bart-Flechten nicht überleben. Ohne diese Luftfeuchtigkeit wäre ich beim Erklimmen der baum- und strauchlosen Hänge bei Temperaturen um 35° C restlos vertrocknet.

Den Wildrosen reicht dieses Quantum an Luftfeuchtigkeit aus, um stattliche und saftige Hagebuttenfrüchte heranreifen zu lassen; doch wenn lange Zeit höchste Tagestemperaturen ohne Zwischenregenperioden vorherrschen, kommen zahlreiche Knospenansätze nicht zur Entfaltung.

Abb. 32 a-d: Das kurze Leben einer Rosenblüte

Abb. 33: Blick ins Nektarium

Abb. 34: Schwefelquellen am Vulkan Chillan

Abb. 35: Heißer Heilschlamm quillt aus der Erde in 2300 m Höhe.

Abb. 36: Feuerfarbene Alstromerien tragen das Feuer des Vulkans nach außen.

Abb. 37: Nicht nur der Vulkan, auch die Hagebutten tragen im Juli Schneehauben.

32a

32b

32c

32d

34

35

36

37

Im Valle Hermoso, einem Seitental des Valle Renegado, sind die Wildrosen besonderen Extremen ausgesetzt. Fumarolen, aus denen dichte Schwefeldämpfe steigen, lassen das «Höllenfeuer» ahnen, das die heißen Quellen speist, die zum Baden einladen, vor allem um Mitternacht, wenn die Milchstraße als breites Band den Südhimmel umspannt und Millionen «kleinster» Sterne funkeln, durchkreuzt von Sternschnuppen …

Immer mit einem «Fuß» in der Wärme, überstehen die Rosen meterhohe Schneewächten, wie sie der Winterwind im Valle Hermoso zusammentreibt. Die *Rosa rubiginosa* passt sich nicht nur diesen großen klimatischen Jahresschwankungen an, sondern auch den sommerlichen Tag-und-Nacht-Temperaturdifferenzen zwischen bis zu 40° C am Tage und 10° C in der Nacht. Das kann nur eine Pflanze, die «Feuer» speichern kann oder ganz am Boden kriecht. Letzteres wird von der Alaska-Wildrose berichtet. Die *Rosa rubiginosa* erreicht die Anpassung durch frühe Verholzung, eine ledrige Oberfläche der grünen Fiederblätter und den «Pelz» aus Drüsenhaaren, der wie ein Schutzschild wirkt. Innere Flexibilität ist angesagt und klare Gestaltung nach außen. Das aber ist unentwegter, rhythmischer Stoff-Wechsel.

Diese besondere Eigenschaft der Wildrose wird uns bei ihrer Betrachtung als Heilpflanze beschäftigen.

Abb. 38-40: Vulkanflora-Rose, Gaukler- und Pantoffelblume

Die Weinrose morphologisch und physiologisch betrachtet

Alles ist Blatt! Im Grün der Rosenblätter vollzieht sich fortwährend ein Feuerprozess, atmet die Pflanze kosmisches Licht. In den «Dornen» – botanisch exakt müsste man von Stacheln sprechen – verfügt sie über ein Instrument, mit dem sie ihrem Trieb nach Höhe und Licht folgen kann. Wenn dann die Hagebutten reifen, lässt sich anschaulich verfolgen, wie weise die Natur vorgeht, um die kostbare Frucht vor vorzeitigem Verfall zu schützen. – Inzwischen hat sich auch die Wissenschaft der Wildrose bemächtigt, um in den Labors ihren Stoffgeheimnissen auf die Spur zu kommen. Besonders interessieren der Vitamin C-Gehalt des Fruchtfleisches sowie das Öl der Samen.

Das Rosengeheimnis • Rosen-Grün • Dornen und Stacheln •
Reife-Geheimnis des Lebens • Dornröschen erwacht

Das Rosengeheimnis

Quinque sumus fratres sub eodem tempore nati,
bini barbati, bini sine crine creati.
Quintus habet barbam, sed tantum dimidiatam.

Ein Rätsel

Zur mittelalterlichen «kurzwil» gehörte dieses Rätsel zumindest bei denen, die des Lateinischen kundig waren. Wer löst heute noch spontan das Rätsel? Zum leichteren Verständnis bringe ich es in unserer Muttersprache:

Fünf Brüder sind's, zur gleichen Zeit geboren,
doch zweien nur erwuchs ein voller Bart,
zwei andern blieb die Wange unbehaart,
dem fünften ist der Bart zur Hälft' geschoren.

Abb. 41: Kelchblätter der Rose mit verschieden stark ausgebildeter Fiederung (a); Knospenanlage der Kelchblätter, die Folge der Öffnung ergibt das Pentagramm (b).

Schon Albertus Magnus, der 1280 starb, war es aufgefallen, dass die Rosenknospe ein besonderes Geheimnis birgt: «Es ist ein wunderbares Beispiel der Natur, dass die Rosenknospe von fünf Kelchblättern eingeschlossen wird, die auf ihren nach außen liegenden Seiten mit einem Bart versehen, auf ihren nach innen liegenden, von den Nachbarblättern bedeckten Seiten, dagegen kahl sind, und dass die fünf Blütenblätter der wilden Rose in den Zwischenräumen der Kelchblätter stehen, um so das Eindringen aller schädlichen Einflüsse von außen in den inneren Kelch zu verhüten.»

Die fünf Kelchblätter und das Pentagramm

Die fünf gleichaltrigen Brüder, von deren Backenbärten das Rätsel spricht, sind die fünf Kelchzipfel der Rosenknospe. Bei sehr genauem Hinschauen erkennt man, dass es einen inneren und äußeren Kelchzipfel gibt. Die fünf Kelchzipfel sind, wie auch die fünf Kronblätter, auf zwei Kreise verteilt. Wollen wir den Weg des Öffnens nachzeichnen, müssen wir stets einen Kelchzipfel überspringen, um zum nächsten zu kommen. Markieren wir diesen Weg mit Linien, entsteht im Kelchblattkranz die uralte Hieroglyphe des Pentagramms. Dieser Fünf-Stern galt bei den pythagoräischen Philosophen als Zeichen für Gesundheit und Erkenntnis. Die Menschen im Mittelalter sahen darin ein Abwehrzeichen gegen dämonische Mächte, z.B. gegen die Druden, die als weibliche Nachtgeister ängstigten und gegen deren Eindringen in Häuser man den Drudenfuß, das an einer Seite geöffnete Pentagramm, an der Schwelle zum Haus anbrachte. Als in sich verschlungene Form war es Christuszeichen für Alpha und Omega, mit seinen fünf Spitzen für die fünf heiligen Wunden Christi. So hielt das Pentagramm Einzug in die Fenster gotischer Kirchen.

Wie in vergangenen Zeiten die männlichen Mitglieder in der Familie oftmals eine nach außen hin schützende Rolle übernahmen, so tragen auch die fünf Kelchblätter der Rose in ihrem geschlossenen Zustand «große Verantwortung» gegenüber den zarten Kronblättern, die sie lange Zeit bergend umhüllen.

Abb. 42: «Fürsorglich» von den Kelchblättern geborgen schlummert die Rosenknospe.

Abb. 43: Wer gibt den Impuls zum Öffnen?

Abb. 44: Nach dem Ausfallen der Kronblätter zeigt sich der Kelchstern in voller Entfaltung.

Abb. 45: Der unterständige Fruchtknoten schwillt zur Hagebutte.

Abb. 46: Golden leuchtet der «Rost» auf der Unterseite der Fiederblättchen.

Rosen-Grün

Hildegard von Bingen besingt in ihrem berühmten Antiphon: «O edelstes Grün, das wurzelt in der Sonne ...» nicht nur die Grünkraft, «viriditas», als heilendes Prinzip, sondern sie nennt die Liebe «einen Hauch aus dem Grünen». Warum betören wir meist mit Rosenblüten und schenken nicht Rosen-Grün wie Hans Christian Andersen? Dieser schrieb: «Der Dichter betrachtete seine Rose, schrieb ein Gedicht über sie, ein ganzes Mysterium, alles, was er auf dem Blatt der Rose las. Das Bilderbuch der Liebe. Es war eine unsterbliche Dichtung.»

Selten werden in der Rosenlyrik und -prosa die grünen Rosenblätter so achtsam behandelt. Oft gleichen sie eher «Stiefkindern». Sie leisten Arbeit ohne Anerkennung. Selbst bei Rosenzüchtern kümmern sie manchmal nur in Nebensätzen, es sei denn, das Blattgrün lässt sich durch genetische Manipulation z.B. zu Rot verändern und als Kuriosität vermarkten.

Auch wenn die Rose nicht zu den «Immergrünen» zählt, ermöglichen die Rosenblätter durch ihre Effektivität in der Erzeugung von Energie durch Photosynthese das Ausbilden königlicher Blüten. Erst das Rosen-Grün bringt das Rosen-Rot so richtig zum Leuchten!

«Alles ist Blatt.»

«Alles ist Blatt» – dieses berühmte Wort Goethes lässt sich beziehen auf die Veränderungen des Rosenblattes vom ungefiederten Keimblatt über das drei- bis neunfach gefiederte grüne Zweigblatt, das auch noch ein Nebenblatt «abscheidet«, und die fünf zipfeligen und teilweise, wie bei den Moosrosen, stark gefransten Kelchblätter bis hin zu den ganzrandigen, bei *Rosa rubiginosa* leicht herzförmig geformten Blütenblättern und bis zum Staubblatt und Fruchtblatt, das in der Sammelfrucht, der Hagebutten-Amphore, seine

Abb. 47: Bis in die Kelchblattspitzen setzt sich der Metamorphose-Impuls in den Blättern durch.

stärkste Einfaltung erfährt. Wenn wir erkennen, dass ein Teil-Fiederblatt dem ursprünglichen Keimblatt gleicht, erschließt sich uns die Beständigkeit der Ganzheit in der vertikalen Durchdringung. Im Schauen des Rosen-Grün erfahren wir das «Jetzt» als «Spaltöffnung» zur Zeitlosigkeit. Jeder Rosenbeobachter, der im Sichtbaren das Unsichtbare erkennt, kann diese Metamorphose unschwer nachvollziehen.

Atmung kosmischen Lichtes

Ich möchte durch die Betrachtung der Blattphysiologie – in Ergänzung zur Anatomie – Goethes Feststellung untermauern. Blätter atmen das kosmische Licht. An der Blattunterseite finden sich die erforderlichen Organe, die Spaltöffnungen. Ich erlaube mir, sie mit den Poren der menschlichen Haut zu vergleichen; zu oft vergessen wir, dass auch unsere Haut als ein großes Atmungsorgan wirkt. Doch wer atmet schon bewusst über die Haut ein und aus?

Im Qi Gong, der chinesischen «Arbeit» mit unserer Lebensenergie, wecken und pflegen wir diese Möglichkeit. Wir setzen unsere Vorstellungskraft ein. Bei dieser Methode der Visualisierung entspannen wir uns zunächst völlig. Und wenn dann die geschlossenen Augen in ihren Höhlen tief absinken, wenn das «Haus des Feuers» das Lächeln freigibt, wenn wir den Atem von weit außerhalb des Raumes, in dem sich unser Körper befindet, hernehmen und ihn in unserer Vorstellung mit dem kosmischen Licht verbinden, dann atmet unsere Haut den Duft der Rose und bei *Rosa rubiginosa* besonders intensiv den Duft ihrer Blätter ein. Das setzt volle Hingabe voraus. Aber bei keiner Pflanze fällt uns die Hingabe so leicht wie bei der Rose. Unzählige Rosenpoesien, Rosenmärchen, Rosenromane künden von dieser Hingabe und ihrer reinsten und höchsten Form, der Liebe.

Feuerprozess

Über unsere Hautatmung haben wir Teil am kosmischen Licht. Über das Rosen-Grün kommt in der Photosynthese das «Feuer» auf die Erde. *Rosa*

Abb. 48: Die Triebspitzen sind sehr wehrhaft ausgestattet.

rubiginosa ist das herausragende Beispiel dafür, denn zur Bildung von ätherischem Öl bedarf es der Pyrophosphorsäure. *Pyr* ist das griechische Wort für Feuer, *phosphorus* heißt der Lichtträger. In der Wildrose, allen voran in der *Rubiginosa,* vollzieht sich fortwährend dieser Feuerprozess, sie «flammt» im grünen Hochzeitskleid. Wenn wir uns ganz an die physiologischen, seelischen und geistigen Prozesse der Wildrose hingeben, dürfen wir die «Himmlische Hochzeit» feiern. O edles, flammendes, verwandelndes, heilendes Wildrosen-Wesen!

Bei der frisch gekeimten Weinrose erkannten wir bereits, dass die Drüsenhaare dem jungen Stiel entsprießen. Sie umrunden die noch ungefiederten Keimblätter. An den Fiederblättchen entspringen sie jedem Saumzahn wie auch der Mittelrippe. Ihre Zahl geht in die Millionen. Offen bleibt die Frage, welche Aufgabe die Drüsenhaare für die Rose haben. Dass das darin enthaltene ätherische Öl für den Menschen heilende Eigenschaften entfaltet, ist inzwischen bekannt.

Dornen und Stacheln

«Rose, oh reiner Widerspruch, Lust / Niemandes Schlaf zu sein unter soviel / Lidern.» Steht dieser Grabspruch Rilkes dem «a rose is a rose is a rose» von Gertrude Stein kontrapunktisch gegenüber? Könnten wir die Widersprüchlichkeiten in unserem Leben so zwanglos annehmen, wie dies die Rose «tut» und wie wir dies bei der Rose tun, bei Blüten und «Dornen» – wir könnten täglich die «Himmlische Hochzeit» feiern, die Einheit allen Seins.

«Der Einklang, unaussprechlich, zwischen Sein und Nicht-Sein» – so preist

Abb. 49: Wie Milchzähne wirken die ersten Stachelspitzen.

Henry Benrath die manifestierte Idee in der Rose. Um Einklang zu erleben, müssen wir die Widersprüchlichkeiten jedoch zunächst einmal aufdecken und bei Licht besehen. «Durchleuchten« wir also die Rose naturwissenschaftlich!

Keine Rose ohne Stacheln!

Botanisch exakt gesprochen, hat die Rose keine Dornen; sie hat Stacheln. Doch der Volksmund ist weltweit stärker als die botanische Erkenntnis, und so trägt in allen Sprachen die Rose «Dornen». Linguistiker mögen erklären, warum die Poesie die «Dornen» braucht, ihre Stacheln gebraucht jedenfalls die wilde Rose in erster Linie zum Klettern. Ein zweiter Vorteil ist sicherlich der Schutz gegen Wildfraß. Also keine Rose ohne Stacheln! Klettern können bedeutet, dem Licht, dem kosmischen Feuer, der Sonne näher steigen, bedeutet mehr Wärme und Chance zur vollständigen Reife der Früchte und Samen. Unterirdisches Verwurzeln und oberirdisches Verzahnen geben Halt im Wind, im Andensturm. Bei *Rosa rubiginosa* stehen die Stacheln so dicht, als sei sie als «Andenkind» gezeugt.

An den frischen, noch weichen Stacheln des Keimlings lässt sich ihre Entwicklung leicht darstellen. Stacheln sind Ausstülpungen der Epidermis, meist pfriemförmig, später verholzend. Dornen dagegen sind Umwandlungen von Organteilen oder verholzenden Organen, z.B. von einem ganzen Blatt oder dem Spross. Als ein Beispiel für Blatt-Dornen möchte ich die Berberitze, den Sauerdorn, erwähnen; Spross-Dornen sind vom Schlehenstrauch oder Schleh*dorn* bekannt.

Mit Hilfe der Farbe und der Härte der Stacheln können wir das Alter eines Rosenstrauchs bzw. eines einzelnen Triebes recht genau bestimmen. An einem Rosenstrauch werden stets alle Altersstufen sichtbar.

Wir können die Stacheln der Rose nicht betrachten ohne den Sprossstiel, den Zweig, den Ast, den Stamm, dem sie entspringen. Ein einjähriger Trieb

Abb. 50: Unzählige Zwischenstacheln wehren wie kleine Spieße jeden Angriff ab.

Abb. 51: Die Farbe von Stacheln und Trieben lässt drei Generationen von Rosensprossen erkennen: rot im 1. Jahr, braun im 2. Jahr, grau im 3. Jahr.

der *Rosa rubiginosa* steigt als Wurzelschössling senkrecht auf. Er glüht noch rot vom Feuer der Erde, das ihn empor sendet. Auch wenn im Stengel- und Blattteil die rote Farbe dem Chlorophyll-Grün weicht – die Stacheln leuchten das ganze erste Jahr über intensiv feurig, wie kleine züngelnde Flammen. Der Sulfur-Prozess tritt zutage. «Feuernase» nennt Philipp Bailey die Hakennase, die er im Sinne der Homöopathie als typisch für Menschen mit Sulfur-Konstitution bezeichnet.

Zwischen den großen, jedoch schmal zusammengedrückten und in der Bogenspitze leicht abwärts gerichteten Stacheln stehen in unregelmäßigen Abständen kleine spitze Stacheln, die den Trieb, rundum abwehrend, umgeben. Dies ist ein weiteres klares Charakteristikum der *Rosa rubiginosa. Rosa canina* und *Rosa moschata* weisen deutlich weniger Stacheln auf; die kleinen Zwischenstacheln fehlen bei *Canina* gänzlich. Bei *Rosa moschata* stehen die Stacheln außerdem gerade ab, sie sind am Grunde nicht zusammengedrückt. Die Haupttriebe tragen Zwischenstacheln.

Verholzung von Zweigen und Stacheln

Im zweiten Jahr verholzen die nun bereits schwingend ausladenden Zweige und Stacheln. Die Farbe Braun überwiegt. Im dritten Jahr beginnt das Vergrauen der Triebe und Stacheln. Die fünfjährigen Äste verlieren ihre Stacheln und wirken greisenhaft starr.

Gespenstisch leuchten die aschgrauen Rosentriebe im Vollmondlicht der Andennacht. Doch unter ihrer «Asche» glimmt die Glut, bis ein Rosenast abstirbt. Der Tod trägt in der Urwaldregion der Anden nichts Erschreckendes in seinem Antlitz. Er ist allgegenwärtig «tätig» als der große Verwandler. In den Anden unterwegs zu sein, gleicht einem Kurs in «Sterbenlernen». Wenn sich der Tod so unaufhaltsam offenbart als Teil des Lebens, feiern wir – wie die zeitlose Hildesheimer Rose – die «Himmlische Hochzeit» jetzt.

Reife-Geheimnis des Lebens

Bedingungen des Rosenlebens

In höheren Landschaftslagen ist der Sommer kurz. Wer rasch und vielsamig sich entfaltet, hat die besseren Überlebenschancen. *Rosa rubiginosa* erfüllt beide Bedingungen.

War der unterständige Fruchtknoten schon im Knospenstadium in seiner winzigen Amphorenform zu erkennen, so beginnt wenige Tage nach der Befruchtung ein deutlich sichtbares Anschwellen seines Volumens. Was von Kelchblättern, Staubblättern, Griffel und Sammelfruchtknoten übrig bleibt, zeigt an, von welch kurzfristiger Bedeutung die rosenfarbenen Blütenblätter trotz ihrer Schönheit waren und wie sehr sich unser Auge täuschen lässt über die Wichtigkeit mancher Dinge.

Die behaarten, drüsenbesetzten Kelchblätter bilden zusammen mit den feinen Stacheln am Fruchtstiel und Fruchtknotengrund auch weiterhin ein «funktionierendes System», das die Hagebutten vor dem Verzehr durch Tiere

Abb. 52: Der Rosenkäfer lauert an einer Apfelblüte auf die Öffnung, längst bevor die Rose blüht.

bewahrt, bevor die Samen ihre Reife erlangt haben und ein Grund zur Verbreitung vorliegt. Bei *Rosa rubiginosa* kommt es in manchen Landschaftsstrichen vor, dass die gesamte Hagebutte von winzigen, verholzenden Stacheln strotzt – nicht gerade zum unmittelbaren Verzehr oder zur Musbereitung verlockend.

Und die Staubblätter? Haben sie nicht längst ausgedient? In der Funktion der Bestäubung sicherlich. Jetzt aber kräuseln sie sich, bilden ein dichtes, dennoch luftdurchlässiges Fadengewirr und verhindern das Eindringen von Fremdkörpern, von Feuchtigkeit, von Schädlingen in die Hagebutte, bis der einstige Blütenboden mit einer korkartigen Schicht verschlossen ist. Zurück bleiben der Kranz der Staubgefäße und das Narbenbündel, das tief in den Sammelfruchtknoten hinabreicht, umkränzt vom grünen Stern der Kelchblätter. Wiederum ein überaus «intelligentes» System der Natur!

Wer hat nicht schon einmal die fast unsichtbaren, hartborstigen Wimperhärchen der einzelnen Fruchtknoten und des Inneren der Hagebutte als «Juckpulver» im Nacken oder in den Kleidern gespürt? Auch diese Härchen schützen das Innere vor Verunreinigungen. Denken wir an die Flimmerhaare in unseren Bronchien, die das Eindringen von Staub- und Störpartikeln in das Lungensystem verhindern.

Abb. 53: Entwicklung vom Fruchtknoten der blühenden Rose bis zur reifen Hagebutte. Unten ein einzelnes Fruchtblatt.

Ein Phänomen kann ich an dieser Stelle nicht verschweigen. Wer Hagebutten ernten will oder Rosen züchtet, fürchtet den Rosenkäfer. Die Lieblingsspeise seiner Larve sind Rosenstaubblätter. Dieser Gourmet! Welche Spezialisierung! Ohne Pollen keine Befruchtung; ohne Befruchtung keine Früchte und Samen! Dieser kleine Käfer, *Cetonia aurata*, hat sich alle Rosenzüchter zu Feinden gemacht, ebenso alle, die auf die Hagebutte als Wirtschaftsquelle bauen. – *Cetonia aurata* ist nach Werner Nachtigall der einzige Käfer, der mit

Abb. 54: Hat der Rosenkäfer seinen Heißhunger gestillt, bleiben nicht mehr viele Staubblätter übrig.

geschlossenen Deckflügeln fliegen kann. Warum? Rosen blühen zur Zeit des höchsten Sonnenstandes; Trockenheit und Staub charakterisieren diese Jahreszeit. Blütenstaub-Partikel, Pollen, reizen, wenn sie in den Bereich der Atemöffnungen gelangen. (Jeder von Heuschnupfen Betroffene kann ein Klagelied darüber anstimmen.)

Von der Lieblingsspeise des Rosenkäfers

Das Lebensbrot des Rosenkäfers ist aber gerade der Blütenstaub, und er würde an seiner eigenen Lieblingsspeise zugrunde gehen, könnte er nicht mit einem besonders ausgeklügelten Mechanismus die Folgen des risikoreichen Fressvergnügens abfangen. Während die Flügeldecken geschlossen bleiben, rutschen – um die Flugfähigkeit zu erhalten – die Flügelansätze aus seitlichen Aussparungen heraus, sodass sich die zarten Hautflügel dennoch im Freien bewegen. Die Aussparungen sind mit einem Saum randständiger, feinster Haare «bewimpert». Werner Nachtigall schildert die Übernahme dieses Mechanismus auf technische Geräte, die absolut staubgesichert funktionieren müssen, z.B. Handbremsen oder Amaturhebel im Flugzeug-Cockpit.

Abb. 55: Das Welken der Rosenblüte kündigt sich im Austrocknen der Staubgefäße an.

Abb. 56: Die getrockneten Staubgefäße schützen den Eingang zur Frucht.

Abb. 57: Blick in die «Geburtshöhle» der Hagebutte.

Abb. 58: Orangefarbenes Carotin und rotes Lycopin treten im Reifeprozess zutage.

Im Querschnitt gleicht diese Flügelschutzzone des Rosenkäfers exakt dem Innenbereich der Hagebutte. Wie ist so ein Zusammentreffen von Strukturen erklärbar?

Wenn wir Tier und Pflanze nicht als isolierte Lebewesen betrachten, sondern in einem Wechselspiel, mehr noch, in einem Resonanzverhalten mit der Landschaft, dem Klima, lässt sich etwas erahnen von dem, was der gleichartigen Durchformung zugrunde liegt. Welches Resonanzverhalten hat sich zwischen Mensch und Rose entwickelt? Resonanz ist das Ergebnis von Schwingungen. Energie schwingt. Feuer ist Energie. Inneres Feuer ist Liebe. Die Botin der Liebe ist die Rose. Warum? Rosen-Geheimnis!

Wie heute viele junge Mütter über Ultraschall das Wachsen ihres Kindes im Mutterschoß verfolgen können, so hätte ich gerne täglich die anschwellen-

56

57

58

den Hagebutten durchleuchtet. Doch die Entstehung und Verwandlung von Leben spielt sich in viel tieferen Schichten ab, als alle Strahlen dringen können, und gehört zum Geheimnisvollsten, was das Leben zu bieten hat. Möge es so bleiben!

Dennoch: In drei verschiedenen Reifestadien versuchte ich einen Längsschnitt und «opferte» eine heranreifende Sammelfrucht. Mehrschichtig reift der Same heran. In den fleischigen Nährboden eingesenkt und teilweise von zarten Stielchen getragen, reifen in dem Sammelbecher etwa 12 bis 15 Fruchtknötchen. Im Laufe der Monate wird die Außenhaut des einzelnen Früchtchens so hart, dass ihm die Bezeichnung «Nüsschen» gerecht wird. Gebräuchlicher ist freilich in diesem Zusammenhang der Ausdruck «Kern». Die Schwaben schätzen eben ihren «Kernlestee». Das Geheimnis der kleinen Nüsschen oder «Kerne», in denen die eingefalteten zukünftigen Keimblätter schlummern, werden wir vielleicht nie ganz ergründen.

Während der Hagebutten-Fruchtbecher von Grün über Carotingelb bis Rot den Reifeprozess langsam nach außen sichtbar werden lässt und das innere Feuer nach außen strahlt, habe ich Zeit, meine Hütte auf der Lichtung im chilenischen Bergurwald zu verlassen, um meine Naturstudien durch wissenschaftliche Arbeiten an der Universität von Chillan zu ergänzen. Dr. Rosemarie Wilckens (nomen est omen!) begleitet an der dortigen Agrarabteilung als Pflanzenphysiologin ein großes Rosenprojekt.

Abb. 59: Die Stachelspieße der Weinrosenbutte

Abb. 60: Golden strahlen die reifen «Kernle» der Hagebutte.

Dornröschen erwacht

«Hundert Jahre» sind vorüber. Ungeküsst erwacht Dornröschen im Reagenzglas eines Genlabors. Ob es sich noch an seine europäische Heimat erinnert? Glimmt noch ein Fünkchen Feuer des Vulkans in ihm? Rauscht der Rio Renegado noch durch seine Träume?

Eine moderne Rosenzuchtstation in Chile

In der Rosenzuchtstation der Universität Chillan entsteht gerade eine Diplomarbeit über neue Möglichkeiten der Wildrosen-Kultur in Chile. 64 aus Klonen gezogene Rosensträucher der Spezies *Rosa rubiginosa* und *Rosa moschata* wachsen in gepflegten Außenanlagen der Universität und werden wissenschaftlich nach allen Aspekten der Wirtschaftlichkeit untersucht. Es geht um die Steigerung des ohnehin sehr hohen Vitamin C-Gehaltes in den Hagebutten, um Ertragsvermehrung der einzelnen Sträucher, um Verminderung der Stacheln auf der Oberfläche der Hagebutten, um Resistenz gegenüber Schädlingen. Parallel dazu laufen Züchtungsversuche in den Gewächshäusern. Dabei wird vom Rosensamen, den Hagebuttenkernen ausgegangen.

Im Rosenkinder-Garten

Betreten wir den Rosenkinder-Garten. Im Nährboden, der weit mehr Torf enthält als der sandige Lava- oder Heidegrund, grünen Rosen-Pflänzchen von 5 bis 9 cm Höhe, die von der Keimblattentwicklung an alle Merkmale aufweisen, die wir in botanischen Beschreibungen für *Rosa rubiginosa* finden. Eine rötliche Pfahlwurzel strebt nach unten, und ein gleichfarbener, zarter Spross dehnt sich dem Licht entgegen. Zwei Keimblätter werden von feinen Drüsenhaaren umsäumt. Am aufsteigenden Spross strahlen die charakteristischen verschieden langen, feinen Drüsenhaare noch den Charme von Milchzähnchen aus. Sie lassen nicht erahnen, welche Kraft sie in der Abwehr, aber auch im Klettern in wenigen Wochen entfalten werden.

Die Folgeblätter täuschen Erwachsensein vor: In der Größe stehen sie den späteren Fiederblättern nicht nach. Deutlich ist der Rand doppelt gesägt, mit Drüsenköpfchen übersät. Dies gilt auch für die Blattunterseite und die Blattrippen, die durch ihre zusätzliche Bestachelung ein Betasten unter Vorsicht empfehlen. Jedoch fehlt den Fiederblättchen noch die Ledrigkeit der Oberhaut. Weich und zart erzittern sie bei jedem Lufthauch.

Rosenkeimlinge

Im Umkreis von Wildrosenbüschen, deren Hagebutten nicht vollständig abgeerntet wurden, fand ich nach längerem Suchen manchmal solche Rosenkeimlinge. Im ersten Jahr wachsen sie krautig nur 7 bis 10 cm in die Höhe. Drei bis vier gefiederte Blätter reichen zur Photosynthese aus und bilden genügend Nährstoffe zur Erhaltung der kleinen Pflanze. Aus Kohlendioxid und Wasser entsteht unter der Einwirkung von Sonnenlicht, aufgrund des grünen Farbstoffes Chlorophyll als Katalysator, Zucker, der als aktuelle Energiequelle zur Weiterentwicklung dient oder, in Stärke verwandelt, als Speichernahrung bewahrt wird. Auf die Bedeutung dieser feinstofflichen Kommunikation mit dem Kosmos kamen wir schon zu sprechen. Sie wird uns bei der Betrachtung der Rose als Pflanzenwesen später noch einmal beschäftigen.

Abb. 61: Ein 14 Tage alter Rosenkeimling

Abb. 62: Schon im Jugendstadium reift das schlafende Auge, der neue Spross.

In Winterkälte und Sommerhitze

Wildrosen zählen botanisch zu den mehrjährigen Sträuchern. Ihr Überleben hängt von der Anpassungsfähigkeit an veränderte klimatische Verhältnisse ab. Auch Chile kennt Eis und Schnee; und die Winterkälte wechselt mit heißen, trockenen Sommern ab. Wie Laubbäume, so werfen auch Rosen nach der Herbstfärbung ihre Blätter ab, und ihre krautigen Stiele verholzen. Dieser Prozess bewahrt schon die Rosenkeimlinge vor Erfrieren und Vertrocknen. Schon nach vier Monaten kündigt sich diese Winterruhe an: Holzig und braun härtet der einst so weiche Stiel durch, die Stacheln eingeschlossen, die Fiederblättchen verfärben sich gelb-braun und fallen schließlich ab.

Winterknospenbildung – das «schlafende Auge»

Nun tritt eine Besonderheit zutage, die wir nicht nur von der Wild- oder Gartenrose kennen, sondern die uns von unseren Obstgehölzen, diesen Baumformen unter den Rosaceen, und anderen Laubbäumen vertraut ist: die Winterknospenbildung. Eingebettet in den Blattscheidengrund liegt – vor unserem flüchtigen Blick verborgen – die schlafende Knospe, das «schlafende Auge», wie es der Rosenzüchter nennt. Seit Beginn des Längenwachstums des Keimlings ist das Entstehen dieses Phänomens angelegt. Die Möglichkeit, einen Blattspross auszubilden, der später eine oder mehrere Blüten trägt, d.h. die Fähigkeit, einen gesamten für die Fortpflanzung reifen Pflanzenteil auszubilden, ist in diesem schlafenden Auge vorgebildet.

Abb. 63: «Dornröschen» träumt in der Geborgenheit des Nebenblattes.

Abb. 64: Ein «Rosen-Kind» trägt alle Merkmale der «erwachsenen Pflanze».

Mensch und Pflanze lebten schon immer in einer mehr oder weniger bewussten lebendigen Einheit. Wer seinen Garten liebt und Zimmerpflanzen hegt, kennt die «Resonanz», das gemeinsame Tönen *(sonare)* und Schwingen von

Stimmungen, Emotionen. Gleichnisse, Fabeln, Märchen, Mysterienspiele spiegeln diese zarten Bande. Doch wer das Geheimnis lüften will, muss den schweren Weg der Erkenntnis gehen. Vor dem Kuss rankt die undurchdringliche Dornenhecke.

Rufen wir uns den Verlauf des Märchens in Erinnerung, so wie es die Brüder Grimm aufzeichneten: In dem Augenblick, da Dornröschen sich an der Spindel sticht, breitet sich Schlaf über das ganze Schloss aus, über König und Königin und den ganzen Hofstaat. Das Feuer, das auf dem Herd flackert, erlischt, der Braten hört auf zu brutzeln, der Wind legt sich ... Das heißt, alle lebendigen Regungen und Abläufe erstarren vorübergehend. Ein Schlummerzustand, ein Winterschlaf erfasst alle physiologischen Prozesse. Doch sollte der Schlaf begrenzt sein, im Märchen auf hundert Jahre.

Biologische Dormanz: Winterschlaf

In der Vorlesung von Professor Nultsch, die ich während meines Pharmaziestudiums über Pflanzenphysiologie hörte, klang das Thema «Dornröschenschlaf» als biologische Dormanz, als Winterschlaf, nüchterner: «Abscisine verdanken ihren Namen der Eigenschaft, schon in geringen Konzentrationen bei höheren Pflanzen das Abwerfen der Blätter, die Abscision, auszulösen. Ihr typischer Vertreter ist die Abscisinsäure, ein Sesquiterpen.» Das Abscisin wurde früher auch als Dormin bezeichnet, da es die Keimung hemmt und Ruheperioden (Dormanz), den «Winterschlaf» zu induzieren vermag.

In der nördlichen Hemisphäre beginnt die so genannte endogene oder innere Dormanz zwischen Juli und September, wenn Blüten- und Fruchtbildung abgeschlossen sind. Auf der Südhalbkugel, auf der auch Chile liegt, enspricht dies den Monaten Januar bis März. Die totale endogene Dormanz dehnt sich auf der Nordhalbkugel von November bis Januar, in Südamerika von Mai bis Juni aus.

«Dornröschen» soll jedoch nicht ewig schlafen. Während der winterlichen Kälte wird die Hemmung aller Lebensprozesse durch die Abscisinsäure nach und nach beseitigt. In den Knospen häufen sich nun Stoffe, *Giberilline,* an, die eine neue Aktivität fördern. Der Name stammt von dem Pilz *Giberella fujikuroi.* Er ist der Erreger der Reiskrankheit *Bakanae,* der Krankheit der «verrückten Keimlinge». Inhaltsstoffe von *Giberella* führen zu einem außergewöhnlichen Längenwachstum, das schließlich zur Selbstzerstörung der Pflanze führt. Abscisinsäure wurde in Pflanzenversuchen als Gegenspielerin von Giberillinsäure erkannt. So wurde das Geheimnis des Winterschlafs und seiner Aufhebung – zumindest wissenschaftlich – gelüftet. Der «Stoff-Wechsel» spielt sich klar vor unseren Augen ab.

Entwicklung der schlummernden Rosenknospe

Ist also die hemmende Wirkung der Abscisinsäure auf die Knospenentfaltung durch die Aktivität der Giberillinsäure aufgehoben, so ist die endogene Dormanz beendet. Jetzt beginnt die exogene Dormanz, d.h. die Entwicklung und Öffnung der schlummernden Rosenknospe hängt nun von äußeren Faktoren ab. Umweltbedingungen wie Sonnenwärme und Feuchtigkeit tun ihren Einfluss deutlich kund. Kurze Nachtfröste, trübe Tage, starke Trockenheit können noch immer den Austrieb der Rosenknospen verzögern. Erst leichter

Abb. 65: Rosen-Mandala und lichter Stern

Frühlingsregen, vermehrte Sonnenstrahlen, steigende Temperaturen küssen «Dornröschen» wach.

Noch einmal erinnern wir uns an das Märchen: Äußere Bedingungen und innerer Zwang leiten Prozesse der Verwandlung ein. König und Königin ließen Dornröschen allein im Schloss. Dadurch erst konnte das Schicksal seinen Lauf nehmen, konnte es die Spindel finden, sich stechen, in den Schlaf sinken. Ebenso beim Prozess des Erwachens: Bevor die Zeit nicht um war, durfte der Prinz die Hecke nicht durchdringen, konnte er Dornröschen nicht befreien und freien.

Was befreit die Sonne, die in vielen Kulturen mit einem jungen Gott, Gottes-Sohn, Königs-Sohn gleichgesetzt wird? Die Winterknospe gibt das Geheimnis rasch frei. Blätter-und Blütenimpuls waren in einer Knospe geborgen und verborgen. Jetzt ist der Weg zur geschlechtlichen Vermehrung offen. Im Märchen erwacht Dornröschen als geschlechtsreife Frau.

Die Winterknospenbildung, die «schlafenden Augen», nutzt der Rosenzüchter bei der Vermehrung der «Stecklinge».

Die Naturgeschichte der Wildrose

Rosen-Fossilien sind Raritäten, wahrscheinlich deshalb, weil schon in Urzeiten die Rosen morastige Standorte als Voraussetzung einer Fossilisierung mieden.

Die Paläontologen halten sich mit Aussagen über die Vorgeschichte der Rose sehr zurück; denn wissenschaftlich gesicherte Rosen-Fossilien sind Raritäten. Anders als die Zapfen von Koniferen, die Fiederungen von Farnen, die Segmente von Riesenschachtelhalmen, hinterließen die Wildrosen fast keine fossilen Spuren, die einen Weg ihrer erdgeschichtlich frühen Verbreitung über die Kontinente nachvollziehen ließen. So beschränke ich mich auf die Nennung paläobotanisch gesicherter Funde:

Einige Funde

Als *Rosenstachel* wird ein verholzter Teil bezeichnet, der 1848 in Parschlug in der Steiermark, Österreich, aufgefunden wurde. *Rosa chareyrei Boulay* heißt ein Fund, der 1887 in Rochessauve bei Privas im Departement Ardeche, Frankreich, gemacht wurde. Fiederblättchen, die eine hohe Identität mit *Rosa canina* aufweisen, in Kombination mit bestachelten Zweigstückchen, gelten als gesichertes tertiäres Fossil, während andere Fiederblattfunde Zweifel aufkommen lassen, ob sie zur engen Rosenfamilie gezählt werden dürfen. Wie uns aus der umfangreichen Ordnung der Rosengewächse vertraut, sind Fiederblätter häufig und auch in ihrer unpaarigen Stellung – zu drei bis sieben – kein eindeutiges Wildrosen-Indiz.

Für meine Arbeit am interessantesten liest sich die Beschreibung von Rosen-Fossilien, die 1883 bis 1916 bei Florissant gefunden wurden. Dieses Dorf liegt 2500 m hoch, 50 km westlich von Colorado Springs. Eingebettet waren diese Rosen-Fossilien in ein rötliches Sediment, das früher einmal Schlamm und Vulkanasche war. Vor meinem geistigen Auge ersteht die Vulkanlandschaft von Chillan, am Talschluss des Valle Renegado, die Landschaft, von der ich sagen kann, dass sie von Rosen geliebt wird.

Abb. 66 a-d: Metamorphose der Staubgefäße: Geheimnis der «Gefüllten und Edlen».

Eine Erklärung, warum so selten Fossilien von Rosen gefunden werden,

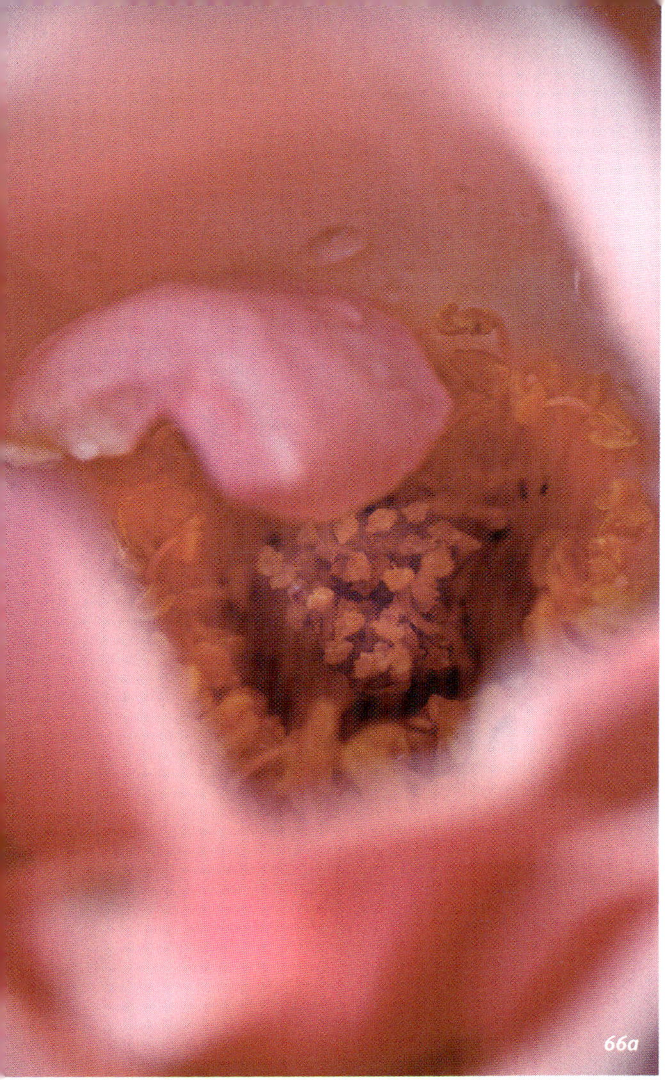
66a

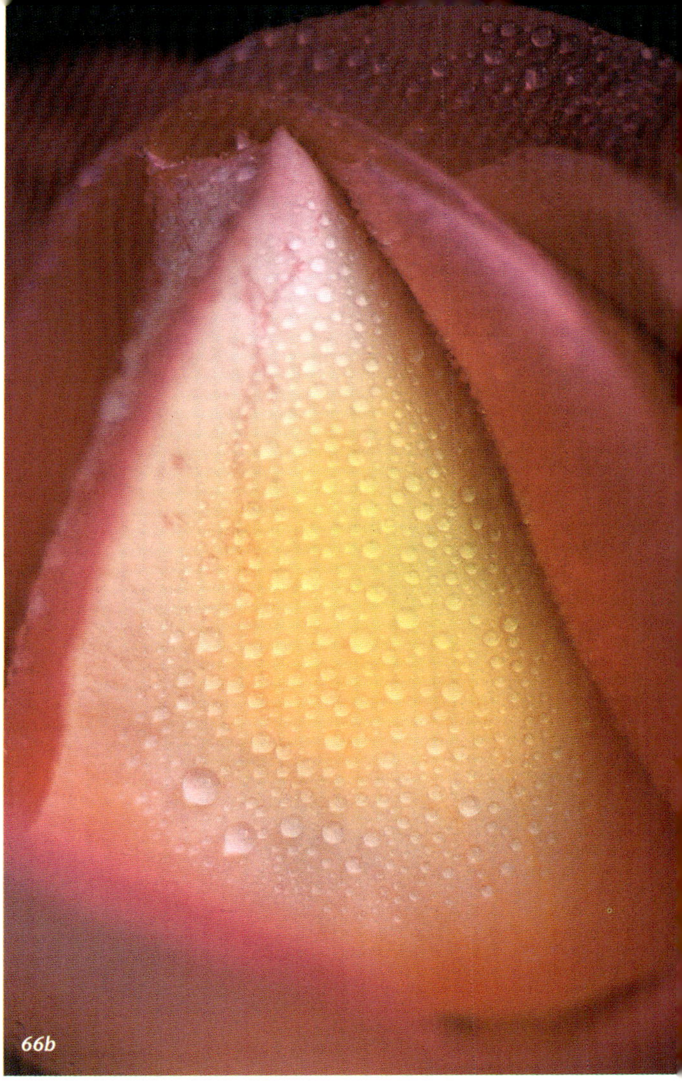
66b

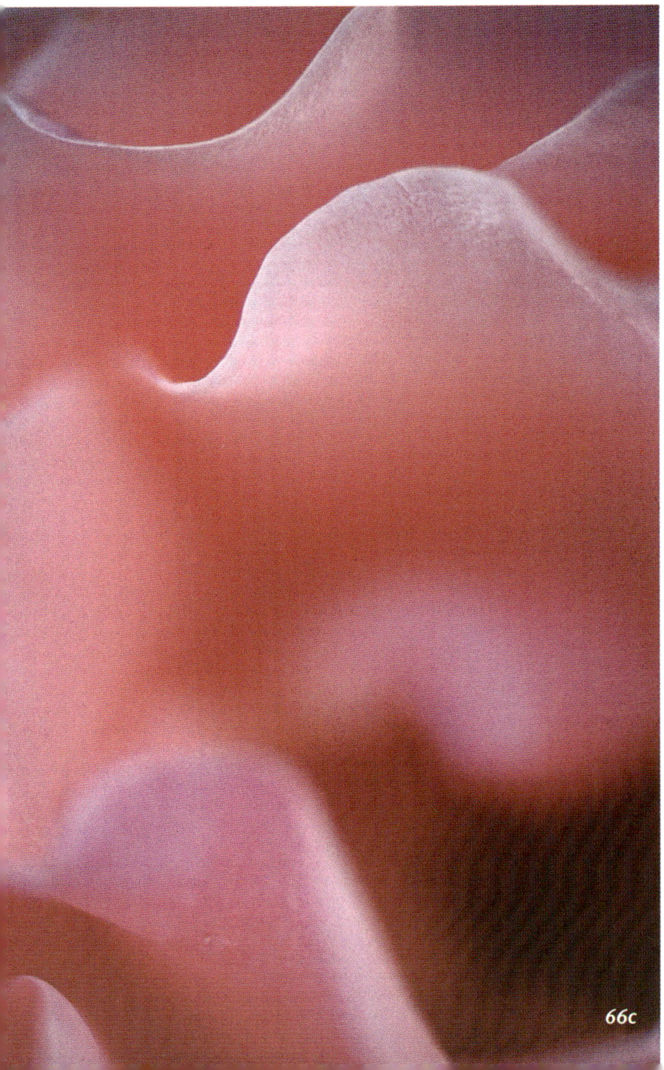
66c

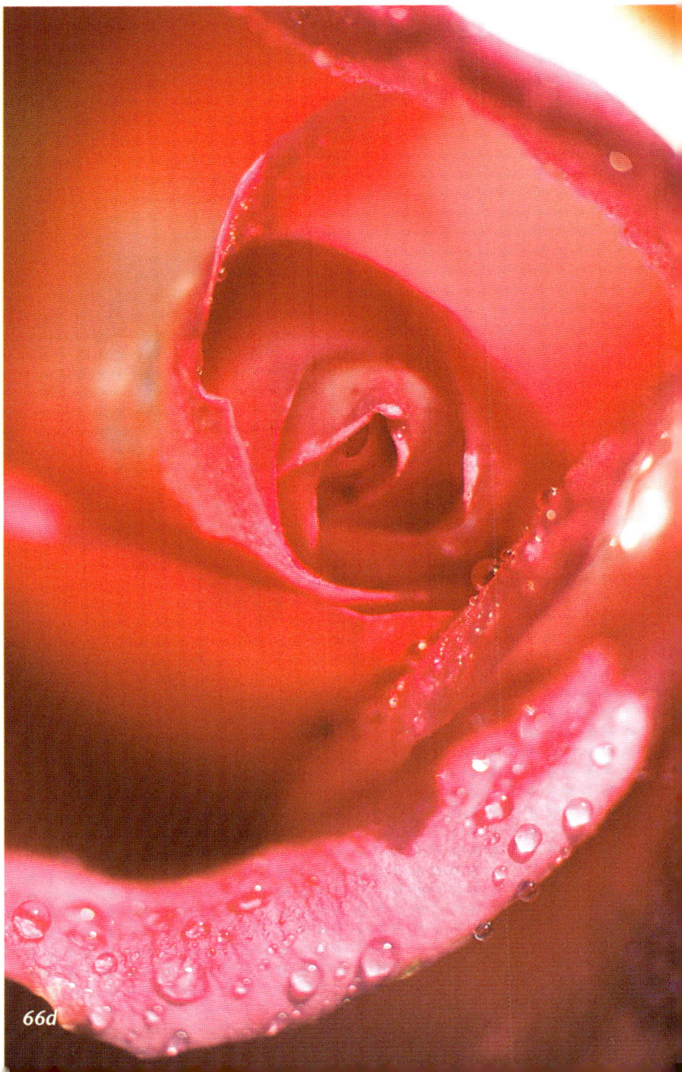
66d

Abb. 67: Morgen-Rosen-Blüte, Heiliger Gral

gab C. E. Resser im Jahr 1942. Als Paläobotaniker geht er davon aus, dass bereits die ursprünglichen Rosenarten, die sich im Tertiär entwickelten, die morastigen Standorte mieden. Daher sind keine «Moorleichen» auffindbar, im Gegensatz zu den feuchtigkeitshungrigen Farnen, Bärlappen und so weiter. In trockenen Gebieten konnten Blätter, Triebe, Früchte nur erhalten werden, wenn durch vulkanische Eruption gewaltige Mengen von Staub ausgeworfen wurden, die alles unter Luftausschluss bargen und konservierten.

Bisher gilt das vorgeschichtliche Wildrosenvorkommen in folgenden Ländern als gesichert: Japan, China, in den USA Oregon, Colorado, Alaska, in Europa Bulgarien, Frankreich, Böhmen, Österreich, Deutschland. Die in Deutschland gefundenen Sorten *Rosa inquirenda* und *Rosa basaltica* (auch hier wieder der Hinweis auf vulkanisches Gestein als Standort) stammen vermutlich aus dem Oligozän, dem Alttertiär, und gehören damit zu den ältesten Wildformen überhaupt.

Die Kulturgeschichte der Wildrose

Die Geschichte der Rose durch die Kulturen der Welt ist vielleicht die längste Liebesgeschichte überhaupt. China und Persien streiten sich darum, das Ursprungsland zu sein, von dem aus die Rose ihren Siegeszug über die Welt antrat. Jedenfall kennen wir Zeugnisse der Liebe zu den Rosen und ihrer Bedeutung aus allen alten Kulturen. Im Christentum galt sie als Symbol von Reinheit und Verwandlung, und ihre auf der Zahl Fünf aufgebaute Geometrie findet sich in den Rosetten vieler gotischer Dome wieder.

Rosen in Asien • Rosen in Ägypten • Die Wildrose im alten Griechenland • Rosen in Rom • Kriemhilds Rosengarten • Die Rose im Christentum

Die längste Liebesgeschichte der Welt

Die längste Liebesgeschichte der Welt schrieb eine Pflanze, die in sich das Wesen der Liebe trägt: Reinheit, Verwandlung, Ausdauer, Anmut und Abwehr, Blüte und Reife, tiefes Verwurzeln, üppige Entfaltung – und ein großes Geheimnis.

Der Name der Geliebten

Doch bevor wir die alle Hochkulturen überlebende Liebesgeschichte zwischen Pflanze und Mensch aufrollen, sollten wir uns mit dem Namen der Geliebten befassen; denn dieser war nicht immer «Rose», wie ich in der Einleitung schon dargelegt habe. Über *Eos* und *Eros* soll die Rose nach Rom eingewandert sein und sich dort als *Rosa* vor allem in den Palästen und kaiserlichen Gärten ausgebreitet haben.

Der lautlich völlig andere Stamm *gul* für *Rose* war im Sumerischen gebräuchlich und bezeichnete ein aufrechtes Haupt sowie ein rotköpfiges Organ, das für Phallus stand. Es ist bekannt, dass die Hagebutte in frühester Zeit nicht nur als Heilmittel, sondern auch als Aphrodisiakum galt, in einer Zeit, da die Ärzte, aramäisch *Asu* oder *Azu,* als Wasser-Öl-Fachleute galten, als Weise, Seher, Astrologen, und zwar aufgrund ihrer Kenntnisse der Gestirne, Pflanzen und Mineralien sowie der genauen Beobachtung des Verhaltens des

Abb. 68: Rosenduftkissen der Kunsthandwerkerin Ulrike Storm

Abb. 69: Rosenherz-Springerle von Inge Pitteroff

Menschen. John Allegro, der die Qumran-Schriften zu enträtseln versuchte, bringt die Silbe *gul* in Verbindung mit *Gu-tal-u-dun,* worunter eine Schmarotzerpflanze auf Dornbüschen zu verstehen sei. Die Kunde von der Verwendung dieser Rosengalle, *bedegar,* als Schlafapfel zieht sich bis in das Germanentum hinein. Wohl dosiert, wurde er nicht nur als den Schlaf förderndes Mittel eingesetzt, sondern *Spongia cynosbati* soll auch kontrahierend auf die Gebärmutter gewirkt und schmerzhaftes Urinieren gelindert haben.

Das Stammwort *gul* für Rose trat seinen Weg an über den iranischen Raum, wo es im Neuiranischen wieder auftaucht, nach Osten. Aus dem assamischen *golap,* dem *gulab* in den Sprachen Hindi, Urdu, Marathi, Pandschabi, Gudscharati, wird *kulap* im Thai.

Einen dornigen Strauch*, brama,* sahen die Germanen in der Wildrose. Allerdings differenzierten sie nicht von anderen Dornengewächsen wie der Brombeere. Im englischen *bramble* haben wir heute noch die Bezeichnug für beide: *Rosa canina* und *Brombeere*.

Im Altenglischen ist jedoch die Heckenrose der *haegthorn,* in Dänemark der *hybentorn,* in Norwegen und Schweden der *nypetorn,* in einigen schweizerischen Dialekten der *Häglidorn.Veltdorn* oder *rosendorn* nennt Konrad von Megenberg (1309 bis1374) die Heckenrose. Konrad von Megenberg war Rektor in Wien, später Domherr zu Regensburg und verfasste in dieser Zeit das *Buch der Natur,* die erste deutsche Naturgeschichte. Auch er erwähnt den Schlafapfel als *bedegar.* Hildegard von Bingen (1089 bis 1179) beschreibt in ihrer *Physica* die Heilwirkung der *Hyffa.* Sie kannte also die Bedeutung dieser Frucht, die im Althochdeutschen *hiufo* hieß, was im Mittelhochdeutschen zu *hiefe* wurde. Als *hiepo* tritt die Hagebutte im altsächsischen Sprachraum auf, als *heopa* im Angelsächsischen, woraus sich in Dänemerk *hyben* und in Norwegen *hype* herausbildete.

Ab etwa dem Jahr 800 bezeichnete der Name *ros, rose, rhos, reus* in Nordeuropa nur Zucht- und Gartenrosen. Rosengärten blühten.

«Ringsum überall Rosenbüsche. Im April gibt es mehr Rosen als alle anderen Arten von Blüten. Rosa multiflora, Rosa moschata, Rosa banksiae überziehen Felsen, Abhänge, Schluchten. Einige klettern bis zur Schneegrenze, andere entdeckt man in den Stranddünen am Meer. Ein Baum, dessen Äste von Rosen übersponnen sind, bietet eine unvergessliche Erinnerung. Ein Gang durch so eine Schlucht zu früher Morgenstunde oder nach einem leichten Schauerregen, wenn die Luft erfüllt ist mit dem süßen Duft von Myriaden von Rosenblüten, ist wirklich ein Wandeln durch ein Paradies auf Erden.» *A naturalist in China* ist der Titel des Buches, in dem Ernest H. Wilson seine Wildpflanzen-, hier Wildrosenbegegnungen beschreibt. Wir können uns vorstellen, dass in weiten Gebieten Asiens solche zauberhaften Landschaftsbilder anzutreffen waren, längst bevor die ersten Züchtungen aus dem persischen Hochland Griechenland, das Römische Reich oder gar Nordeuropa erreichten.

Kingdon Ward – ob er sich seines Rosennamens Ward bewusst ist? – bestaunt die *Rosa gigantea*, die, als größte Wildrose der Welt bis zu 30 Meter hoch, hohe Bäume vollkommen überwuchert.

Persien: Wiege der europäischen Gartenrosen?

Im nordöstlichen Iran, besonders im Gebiet von Masenderan, sollen die Rosen besonders hoch geworden sein und intensivst geduftet haben. Der Kulturhistoriker Joret vermutet hier die Wiege der europäischen Gartenrosen. Der Züchtung gingen ja stets Erfahrung mit verschiedenen Wildrosensorten voraus. Stäbe mit silbernen Rosen, Äpfeln und Lilien werden als festliche Attribute am Hofe des Perserkönigs Kyros genannt.

Von den Rosengärten, den *Gul-is-ta-ne* in Teheran berichtet der Erdkundler Ritter: «Die Rose gedeiht hier zu einer Vollkommenheit wie in keiner Gegend der Welt; nirgends wird sie wie hier geschätzt und gepflanzt. Gärten und Höfe sind mit Rosen überfüllt, alle Säle mit Rosentöpfen besetzt.» Die Rose galt in Persien als Sinnbild der Gottheit; sie wurde zur «Heiligen Pflanze» des Islam.

Die Gärten von Schiras

Aus den Gedichten von Hafis duften noch heute die Gärten von Schiras zu uns herüber, der Gegend, in der das trockene Klima der iranischen Hochfläche von Regenfällen gemildert wird – wie in Chile. Hafis liebte und besang die Rose nicht nur wegen ihrer vollendeten Schönheit, er erkannte in ihr «die Manifestation göttlicher Weisheit»; war doch die Rose entstanden aus den Schweißtropfen Mohammeds. Ich übernehme das Gedicht, weil uns heute mehr denn je das Bewusstsein zu entgleiten droht, dass alle Natur, der Mensch eingeschlossen, göttlichen Ursprungs ist. Nur wenn wir diese Quelle und Zusammengehörigkeit aller Wesen auf unserer Erde wieder entdecken und erhalten, was an Wildformen und Ursprünglichkeit noch vorhanden ist, werden wir ein heilsames Glied dieses Kosmos bleiben.

Abb. 70: Rosenblätterteppich im Florist-Meister-Pavillon «Harem»

Dass die Rose dir zum Beispiel werde!
Sonne, Tau und süßen Wind von Osten,
Allen Glanz und alles Glück der Erde
Weiß sie frei und unbesorgt zu kosten.
Des Propheten Weisheit braucht sie nicht:
Denn sie lebt ja so, wie jener spricht.

Mich fasziniert in diesem Zusammenhang eine persische Stickerei aus Isfahan, aus dem frühen 17. Jahrhundert: Eine Wildrose und eine mehrblütige Rose ranken ineinander, im Geäst sitzt eine Nachtigall, eine andere fliegt herzu, darunter steht ein Hund. Die Nachtigall sang im persischen Raum süß und klagend von Liebe, Sehnsucht und Schmerz (Rosenduft und «Dornen»). Im Rosenland, im *Gul-is-tan,* wurde alljährlich das Frühlingsfest begangen: «Wo Rosen blühn und Nachtigallen schlagen ...» *Bol-Bol,* ihren eigenen Namen, ruft die Nachtigall der Rose, *Gol,* zu. Das persische *Gul* wird *Gol* gesprochen:

Das macht, es hat die Nachtigall
Die ganze Nacht gesungen;
Da sind von ihrem süßen Schall,
Da sind in Hall und Widerhall
Die Rosen aufgesprungen.

Kannte Theodor Storm die persische Bildersprache, als er diese Verse schrieb? Kannte er die persische Stickerei? Gab er sich eigenen Erfahrungen hin? War ihm die ägyptische Hieroglyphe begegnet, die im Piktogramm Stacheln, Staubgefäße, aber auch die Nachtigall enthält?

«Sie sagte, sie würde mit mir tanzen, wenn ich ihr rote Rosen brächte», rief der junge Student; «aber in meinem ganzen Garten ist keine rote Rose.» In ihrem Nest auf dem Eichbaum hörte ihn die Nachtigall, guckte durch das Laub und wunderte sich.

Mit diesen Worten beginnt Oscar Wilde viele Jahrhunderte später seine Erzählung «Die Nachtigall und die Rose». «Der Tod ist ein hoher Preis für eine rote Rose», wird die Nachtigall dann sinnen – und sich opfern, indem sie mit ihrem Herzblut die weiße Rose tränkt und in eine rote verwandelt, die als Zeichen der Liebe den Tod überdauert.

Die Nachtigall verkündete aber auch einen sanften Tod. In der christlichen Symbolik versinnbildlicht sie die Todessehnsucht oder die Sehnsucht nach dem «Himmel». Ist die Nachtigall die Mittlerin zwischen Rose und Mensch zur Feier der «Himmlischen Hochzeit»? (Siehe das älteste Fresko aus Knossos.)

Das Tier, das auf der persischen Stickerei unterhalb der Rose abgebildet ist, gleicht auffallend dem Anubis-Hund, wie ihn ägyptische Reliefs zeigen, mit kurzem Schwanz und hohen Beinen. Wenn wir uns mit der Hunds-Rose beschäftigen, stoßen wir immer wieder auf einen mythologischen Zusammenhang zwischen Rose und «Hund». Je mehr Kulturen wir in unserer Rosengeschichte durchschreiten, desto mehr nähert sich der «Hund» uns als Begleiter. Manchmal erscheint er mir, als würde er das Rosengeheimnis bewachen. Ist er ein Zerberus?

Abb. 71: **Rosenblätter-Teemischung auf dem Markt im Huancayo-Tal, Peru**

Rosen in Ägypten

Getrocknete Rosensträuße waren Grabbeigaben für Tutanchamun. F. Crepin, einer der besten Rosenkenner des 19. Jahrhunderts in Brüssel, identifizierte die Blüten des Grabkranzes als von *Rosa sancta,* der «Heiligen Rose», stammend. Es waren einfache zartrosa Blüten, wie sie der deutsche G. Schweinfurth in Gräbern Mittelägyptens auf Fresken und Stoffen entdeckt hatte, Rosen mit fünf Blütenblättern. Zur Zeit Ramses II. (1300 bis 1233 v. Chr.) soll die Bezeichnung für die Rose ein Geruchsdeterminativ gewesen sein; jedenfalls behauptet dies der Pharmakologie-Forscher Tschirch und beruft sich dabei auf den Berliner medizinischen Papyrus.

Rosen-Totenkult

Während die Seele nach unserer Auffassung im Augenblick des Todes die Schwelle überschreitet und «in Gottes Hand» oder in eine «Sphäre überirdischen Weisheitslichtes» (Rudolf Meyer) eingeht, findet die altägyptische Seele auf ihrer Reise durch das Totenreich «geografisch» genau markierte Orte vor: Ro-Setau gilt als Bezeichnung für den Eingang in die Unterwelt in Ägypten. Nachdem der geniale Schriftforscher Jean-Francois Champollion festgestellt hat, dass die Hieroglyphen eine lautmalerische Schrift darstellen und nicht nur eine Sinn-Bild-Sprache, wage ich zwischen *Rose* und *Ro-Setau* einen Zusammenhang herzustellen, zumal der direkte Weg der Entstehung des Namens *Rose* noch immer ungeklärt ist, andererseits aber die Ägypter und Römer wie die Germanen einen Rosen-Totenkult kannten.

Die *Rosa sancta*, die «Heilige Rose» wurde bei uns aus Tigris in Äthiopien eingeführt, wo sie 1920 von einem Mönch beim Dorf Mai-Tsada, 4 km südlich von Adigrat, in einer Höhe von 2650 m bezeugt wurde. Noch heute sammeln dort die Priester die Blüten der «Heiligen Rose», soweit sie nicht von Ziegen abgefressen werden, und mischen sie mit Weihrauch als Weihe- oder Opfergabe. Der Weg zu unseren Rosen-Marienaltären ist nicht mehr weit.

Die Wildrose im alten Griechenland

Die älteste, gesicherte Darstellung einer Rose fand der britische Archäologe Arthur Evans bei seinen Ausgrabungen auf Knossos, die er auf 2000 bis 1700 v. Chr. datierte. Er beschreibt das «Fresko mit dem blauen Vogel».

Eine goldene Rose: «Fresko mit dem blauen Vogel»

Erstmals in der antiken Kunst erscheint ein Wildrosenbusch, gegen einen teils dunkelroten, teils weißen Hintergrund, während weitere Zweige der gleichen Pflanze vom Felsen herabhängen und sich im Bogen wieder aufrichten. Die Blüten sind goldfarben, mit orangefarbener, dunkelrot gefleckter Mitte. Der Künstler hat den Blüten sechs anstatt fünf Petalen gegeben und die Blätter auf nur drei Blättchen (Fiederblättchen) vereinfacht, wie bei der Erdbeere. Der Botaniker Möbius überprüfte 1933 diese Angaben von Evans und stellte aufgrund der gut sichtbaren Stacheln fest, dass diese Merkmale sowohl auf *Rosa canina* als auch auf *Rosa dumentorum* zutreffen. In welches Mysterium tauchten die Kreter ein, als ihnen die Rosenfarbe golden erschien?

Ob die «Goldene Rose», in die ein winziges Gefäß mit Rosenöl eingelassen ist, letztendlich auf die frühe Kretische Rose zurückzuführen ist, wird sich schwerlich nachweisen lassen. Die «Rosa aurea» wird als Tugendrose am Sonntag Laetare geweiht und vom Papst seit dem Jahre 1050 als Sinnbild Christi und Blume des Feldes an fürstliche Persönlichkeiten verliehen – nicht ohne Gegengebühr und hohe Taxe.

Alsbald tauchen Fayancen auf mit Rosenranken, dem Fünfsternmotiv im Kreis, dem Mandala, und um 1200 v. Chr. ein Täfelchen, das eine Art Lieferschein oder Quittung über das hergestellte «Öl mit Rosenduft» darstellt.

In Homers *Ilias*

In Homers *Ilias* begegnen wir der Rose gleich zweimal: Der Schild des Achilleus war mit Rosen geschmückt, und Aphrodite salbte den Leichnam Hektors, der durch Achilleus getötet worden war, in der Nacht mit Rosenöl, um ihn einzubalsamieren. Wohin wird seine Seele durch den Rosenduft geleitet? Das Rosenöl, diese Quintessenz, wurde sechsfach mit Gold aufgewogen. Wen wundert es? Zu seiner Erzeugung sagte Goethe: «Knospend müssen tausend Rosen erst in Gluten untergehen.»

Aphrodite selbst steht, wie bei den Römern Venus, in engster Verbindung zur mythischen Entstehung der Rose. Als die Schaumgeborene dem Meer entstieg, verwandelte sich der weiße Schaum in weiße Rosen und bedeckte die Blöße der Göttin.

Bei Sappho

Um 800 v. Chr. besingt Sappho, die berühmte griechische Dichterin von Lesbos, in ihren Naturliedern die Rose: «Die Königin der Blumen» ist bis in unsere Zeit eine stille Regentin und Königin der – verschwiegenen und durch die Blume gesprochenen – Liebe.

Im Athen Solons

Die Rose trennte im Athen Solons, des Gesetzgebers von 640 bis 560 v. Chr., «ehrbare» von «unehrbaren» Frauen. Das Tragen eines Kranzes aus Rosen war nur «ehrbaren Mädchen» erlaubt. Stesichoros, ein Dichter aus

Abb. 72: Sechsblättrige Wildrosenblüten auf dem «Fresko mit dem blauen Vogel», Knossos

Himera, singt zur gleichen Zeit ein Grablied: «Tot wirst du liegen und vergessen sein, denn dich schmückten nicht im Leben die Rosen der Musen.»

Rose: Aus Schaum geboren, Stigma der Unehre – in wie vielen Hybridisierungen wirst du uns noch erscheinen?

«Rose, oh reiner Widerspruch ...»

Bei Anakreon

«Auf! Lasst uns den Ursprung singen!», heißt es in der 51. Ode von Anakreon, in der er die Göttlichkeit der Rose besingt. Gerade die schlichteste Wildrose entspringt dem Reinsten und verkörpert in ihren Grundelementen – Form, Farbe und Zahl – die unverfälschte, reine göttliche Idee der Pflanze.

Bei Theophrastos, dem «Vater der Botanik»

Eingehend beschäftigte sich mit der naturwissenschaftlichen Seite der Wildrose Theophrastos (372 bis 287 v. Chr.), der bis heute als Vater der Botanik angesehen ist. Er unterscheidet erstmals *rhodon,* Rosen mit gefüllten Blüten, und *kynosbaton,* die Hundsrose oder wilde Rose. Bei den Anbaumethoden vergleicht er die Ergebnisse der Vermehrung aus Samen mit denen durch Stockteilung oder Stecklinge. «Die Rosen wurden zurückgeschnitten und dann ins Feuer geworfen», deutet Plinius den Bericht von Theophrastos.

Rosengärten

In den so genannten Adonis-Gärten pflegte man Rosensträucher in silbernen Gefäßen. Dies klingt nach Vorläufern unserer Topfkultur. Auch sollen die Einwohner von Philippi wildwachsende Rosen vom Berg Pangaeus in ihre Gärten geholt haben. Es wird vermutet, dass auf diesem Berg der sagenhafte Rosengarten des Königs Midas lag. Rosengärten machten Schule. Epikur hat sich einen Rosengarten in der Stadt Athen anlegen lassen, um immer frische Rosen zu haben.

Die Insel Rhodos war so reich an Rosen, dass schon im 4. Jahrhundert Münzen mit der Darstellung von Rosenblüten geschlagen wurden.

Abb. 73: Das «Badge of England»

«Mit einer Rose im Haar und Belladonna im Ärmel ging man durch das Leben», lesen wir bei Joachim Fernau. Abgesehen von dem überschwänglichen Rosenkult, der eher durch die gefüllten Arten begründet ist, findet die Rose als «göttliche Blüte» im Totenkult Verwendung.

Am 11. Mai war das Totenfest der Römer, der «dies rosarius». Rosen wurden auf Gräber gepflanzt und Toten als Grabbeigaben mitgegeben. Das Pfingstfest trägt in seinem Namen noch die Erinnerung daran: «Pasqua rosa». Es fällt in der Regel in den Mai oder spätestens, da es 50 Tage nach Ostern gefeiert wird, in den Rosenmonat Juni. – Später wird in der katalonischen Tradition der 23. April genannt als Tag, an dem man Rosen und Bücher schenkt, also Duft und Wissen, ja vielleicht sogar Weisheit. Den 23. April 1999 erklärte die Unesco zum «Tag des Buches und Urheberrechtes», und die Stadt Bonn schmückte ihr Plakat dazu in alter Tradition mit Rosen. Es leben die «Rosalien»!

Sinnbild der Verschwiegenheit

Die Kelchblätter und die inneren Blütenblätter verschließen die Rosenknospe durch ihre spezielle mehrkreisige Anordnung bis zu ihrer Öffnung besonders dicht. Aufgrund dieser Beobachtung galt die Rose bei den Römern als Sinnbild der Verschwiegenheit. Orte, an denen aller Voraussicht nach geheime Gespräche zu führen waren, markierten die Römer mit einer Rose. In Speisesälen oder Dienstzimmern, Audienzräumen oder Geheimkammern – wo immer eine Rose an der Decke zu sehen war, sei sie gemalt oder geschnitzt, sollte sie die geschlossenen Lippen, die Verschwiegenheit, beschwören und dieVertraulichkeit des gesprochenen Wortes garantieren.

«Sub rosam discere»

«Sub rosam discere» bedeutete: unter dem Siegel der Verschwiegenheit sprechen. Der Ursprung dieser Sitte geht zwar auf die Griechen zurück, überliefert und weitergetragen haben sie allerdings die Römer. Bei dem Rosenforscher Krüssmann findet sich folgende Erklärung: «Nachdem die Griechen 479 v. Chr. zu Lande von dem Perserkönig Xerxes besiegt worden waren, kamen die griechischen Führer in einer Rosenlaube nahe dem Tempel der Minerva zusammen und berieten dort einen Überraschungsangriff auf die Truppen des Xerxes zur See. Dieser geheime Angriffsplan, der unter der Rose – sub rosam – beschlossen war (und der schließlich zu einem glorreichen Sieg führte), bedeutete für die Griechen eine vertrauliche Abmachung, die alle Anwesenden zur Verschwiegenheit verpflichtete.» Diese Sitte wanderte mit der Rose nach Norden. In Deckengemälden von Klöstern integriert, finden wir noch heute dieses Zeichen erhalten. Weit bis ins Mittelalter hinein, ja noch zu Luthers Zeiten (Luther führte eine fünfstrahlige Wildrose im Familienwappen) verstand man in Deutschland, England, Frankreich die Bedeutung der «Deckenrose». Selbst in Gasthäusern findet man «sub rosam»-Verse, die auf den griechisch-römischen Ursprung hinweisen:

Abb. 74: Bachblüte «Wildrose» im Morgentau

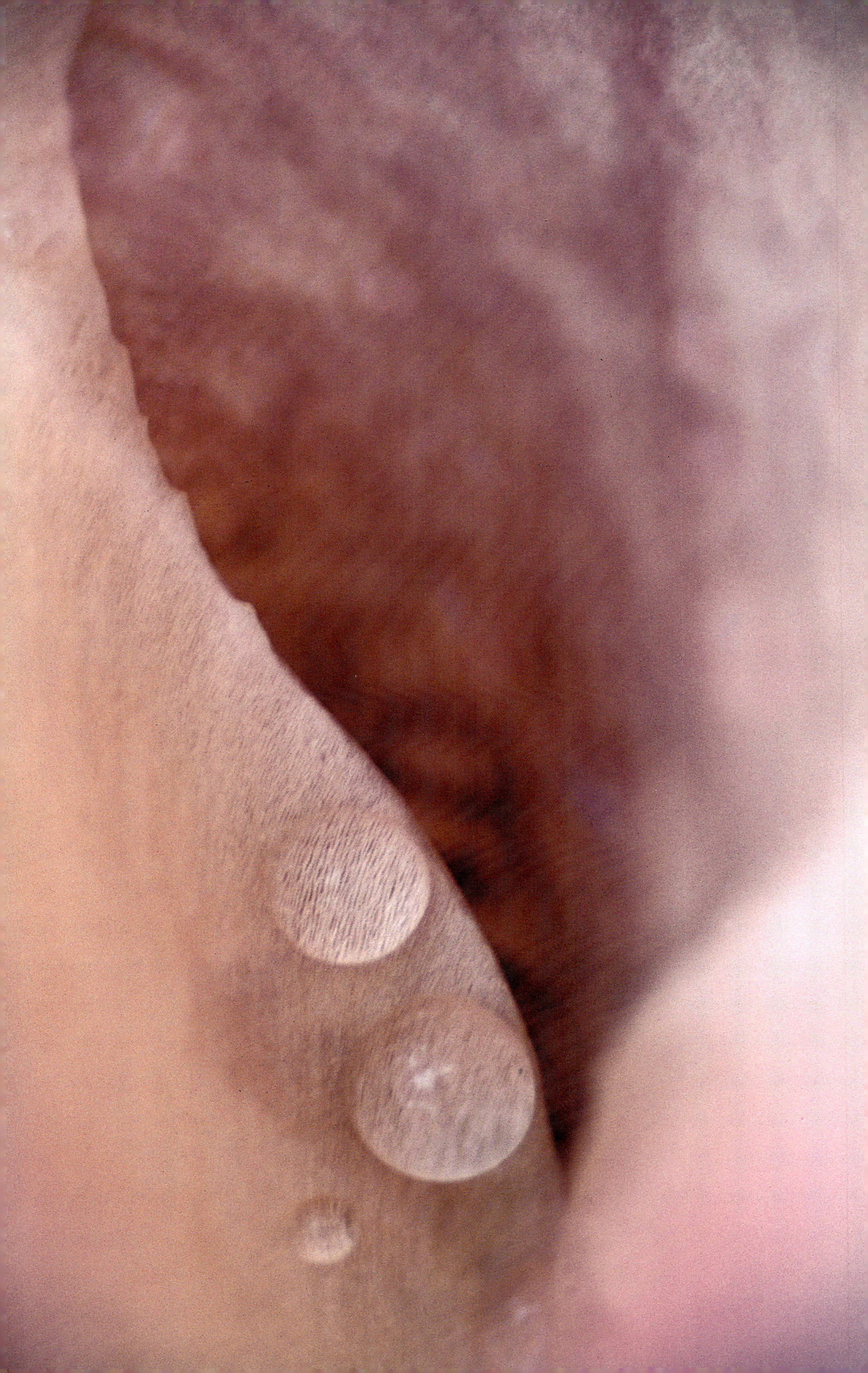

Rose, Blume der Venus, dich gab dem Harpokrates Eros,
Dass im Verborgenen bleib', was seine Mutter gefehlt,
Darum hänget der Wirt die Rose über die Tafel,
Dass, was darunter gesagt, weise verschweige der Gast!

In England war es vor allem die weiße Rose, die ohne Worte ausdrückte: «Tod jedem, welcher unter mir geheim vertrautes Wort verrät!»

Die Sitte, bei besonderen Anlässen hinter dem Ohr eine Rose zu tragen, beinhaltet eine ähnliche Aufforderung, nämlich: Höre alles, aber sage nichts weiter.

Als die Stuckdecken aufkamen, prangte zwar noch in vielen Häusern und Sälen die «Deckenrose», doch ihr ursprünglicher Sinn war verloren gegangen.

Kriemhilds Rosengarten

Oh, wer um alle Rosen wüsste,
die rings in stillen Gärten stehn –
oh, wer um alle wüsste, müsste
wie im Rausch durchs Leben gehn.

«Hortus Rosarum», der Rosengarten zu Worms

So still wie in Christian Morgensterns Rosengarten blühten die Wildrosen zur Zeit Kriemhilds nicht. Die Rosengärten der Burgundentochter Kriemhild zu Worms sollen besonders üppig geblüht haben. Sie waren der Sage nach «einer milen lang und einer halben breit». Als Fest-und Versammlungsplatz galt der von Wildrosenhecken umfriedete «Hortus Rosarum», wie eine Urkunde von 1325 belegt. Dreimal wurde «Kriemhilds Rosengarten zu Worms» Zeuge großer Festlichkeiten, als die Reichstage abgehalten wurden. Bis heute hat sich das Gebiet als eigenständige Gemarkung «Rosengarten» erhalten; allerdings erwirtschaftet heute eine Bauerngemeinschaft durch Bohnen-, Erbsen- und Spinatanbau weit mehr und maschinell einfacher, als sie im Augenblick durch Wildrosen verdienen könnte. Doch die Wildrose wird uns in Zukunft als Heilpflanze viel stärker interessieren müssen, und wer weiß, wann Kriemhilds Rosengärten eine Renaissance erfahren werden.

In den Schwemmsandböden des Biedensands, der Altrheinauen in unmittelbarer Nähe von Worms, fühlt sich die Wildrose offensichtlich wohl. Im Laufe der Jahrtausende haben sich dort die zermahlenen Gesteine der Gebirgsmassen aus dem Quellgebiet des Rheins und seiner Nebenflüsse in feinster Form abgelagert. Der Boden mit seinem hohen Löss-Anteil, durchaus vergleichbar mit der Umgebung Talcas in Chile, wäre auf jeden Fall für die Anlage eines neuen Rosengartens geeignet. Dank der Durchlässigkeit der Erdschichten, kommt es auch in der Ebene nicht zu Staunässe. Ein trockener

Abb. 75: Aus dem Heldenbuch (um 1500): «Und jegklicher ferdienet ein rosenkrenczelein und ein helssen un kissen.»

Fuß, Sonne und Wind sind die Voraussetzungen für «wellness und happiness» unserer bescheidenen Hundsrosenarten.

Rosengarten des Zwergenkönigs Laurin

Im kleinen *Rosengartenlied* aus dem 13. Jahrhundert wird der Rosengarten des Zwergenkönigs Laurin besungen. Er soll, der Südtiroler Sage nach, von einem seidenen Faden umgeben gewesen sein. Wer den Garten verletzte, von dem forderte König Laurin den rechten Fuß und die linke Hand. In der Sage wird der Rosengarten in eine steinstarrende Wüste hochragender Berge verwandelt, deren Härte einzig dadurch gemildert wurde, dass einmal des Tages, bei sinkender Abendsonne, die alte Rosenpracht wieder aufblühen durfte. Wer einmal im «Rosengarten» der Dolomiten das Schauspiel des «Alpenglühens» erleben durfte, weiß, wovon die Sage spricht.

Der Rosengarten als Kampfplatz

Der Rosengarten war nicht immer ein Lustgarten; oft war er eher ein Kampfplatz. In der einzigen *Rosengarten*-Handschrift, die um 1420 in Straßburg bebildert wurde, gibt es eine Kampfdarstellung im Rosengarten mit der Unterschrift :«hie stritet sifort und der berner». Wer die Verschlüsselung versteht, weiß, dass sich hinter dem Namen «Rose» auch ein Schlachtschwert verbergen kann. Die Grausamkeit auf dem Schlachtfeld wurde durch das Synonym «Rosengarten» verhüllt. Der Kriegs-Journalismus neigt immer zu makabren Verhüllungen. Die Wildrose umrankt in Nordeuropa – zumindest vor der Zeit der Minnesänger – weniger Liebes- als Todesvorstellungen.

Zeichen des Weltuntergangs

Die Germanen verehrten den Dornbusch als Bild des Feuers und, damit verbunden, als Zeichen des Weltuntergangs. Ihre Vorahnungen waren richtig. Bevor die lichtvolle «Himmlische Hochzeit» in den Seelen der Mystiker gefeiert werden konnte, geschah der in der *Edda* geschilderte Weltuntergang, die Götterdämmerung. Opferstätten der alten Germanen waren mit Wildrosenhecken umfriedet. Dies kann eher als versöhnliches Zeichen gewertet werden, denn die Verbrennung von Opfergaben, wozu ein Teil der Feldfrüchte zählte, wohl auch Hagebutten, schloss den Kreislauf zwischen Natur und Mensch.

Sinnbild des Todes

«Rosengarten» heißen teilweise in der deutschen Schweiz heute noch freiliegende, nicht an den Kirchenbezirk grenzende Friedhöfe und altheidnische Grabfelder. Dies geht wohl darauf zurück, dass die Rose im Mittelalter zu einem Sinnbild des Fortlebens der Seele nach dem Tode wurde. Die einzelne Wildrose war ein Sinnbild des Todes. Viele Todesanzeigen schmückt heute noch immer die Zeichnung einer einzelnen Rose.

Centifolien

Im Laufe der Jahrhunderte wird die formreine, fünfblättrige, inkarnatfarbene Wildrose kraftvoll überwuchert von den glutvoll leuchtenden hundertblättrigen Rosenknospen und Rosetten. Mit den aus dem Orient zurückkehrenden Kreuzrittern und den die Gartenkultur aus Italien bringenden Benediktinermönchen eroberten die verführerisch duftenden Centifolien (*Rosa centifolia* = Hundertblättrige Rose) die «Französischen Gärten», die auch in Nordeuropa in Mode gekommen waren.

Es wird wiederholt berichtet, dass in unseren Breiten keine Rose die gleiche Prachtentfaltung erreicht wie in den südlichen und südöstlichen Ländern. Diese Erkenntnis wollen wir bei den Bedingungen, unter denen in Chile üppige Rosenfelder mit *Rosa rubiginosa* und *Rosa moschata* gedeihen, mitbedenken.

Ein Blick in Gegenwart und Zukunft

Auch im 3. Jahrtausend n. Chr. zählt die Rose zu den Lieblingssträuchern der Gartenbesitzer; Züchter greifen sogar wieder vermehrt auf die ursprünglichen Wildrosenarten zurück. Ich habe den Demeter-Heilpflanzen-Anbauer Reinhold Schneider in Creglingen besucht. Einige *Rosa rubiginosa*-Sträucher in der unmittelbaren Umgebung veranlassten ihn zu Züchtungsversuchen aus dem Samen dieser Wildrose, deren Blätterduft ihn so entzückte. Auch ihn interessiert die Komposition der Inhaltsstoffe im ätherischen Öl der Blattdrüsen und im fetten Öl aus den Hagebuttenkernen. Eine zeitgemäße Rosenkultur unter dem Aspekt «Schönheit» für Leib und Seele ist sein Ziel. Ihm ist es gelungen, aus frisch geernteten Hagebuttenkernen, die noch nicht das volle Reifestadium erreicht hatten und somit keine Verhärtung der Fruchtschale um das einzelne Nüsschen aufwiesen, tausend kleine «Rosenkinder» der *Rosa rubiginosa* in einer Saison zu ziehen. Ganz besonderes Feingefühl erfordert die Anzucht der Rosen aus Samen, und viele Versuche sind immer wieder gescheitert, weil die Sternstunde für das Keimen der Samen verpasst worden war.

Abb. 76: Wildrosenfenster im Heilig Kreuz-Münster zu Schwäbisch Gmünd, Ausschnitt

«Maria durch ein Dornwald ging ... da haben die Dornen Rosen getragen.» Bis die Dornen Rosen getragen haben in dem «Wald», von dem in diesem Weihnachtslied die Rede ist, und bis aus deutschen Kehlen drang: «Es ist ein Ros' entsprungen aus einer Wurzel zart ...», musste die christliche Kirche klären, ob denn der Dichter Vulgentius Recht hatte, als er sagte: «Die Rosen erröten und stechen wie die Begierden; sie erröten wegen des Vorwurfs der Schamlosigkeit und stechen mit dem Stachel der Sünde.» Dem stand zwar bei den Griechen und Römern Rosa, die Reine, Sonnengleiche gegenüber, verkörpert in Aphrodite und Venus, aber die römischen Ausschweifungen der Rosenkulte führten zunächst – bei der Ausbreitung des Christentums nach Deutschland – zur Ausrottung der Wildrosen, zumindest an den Heiligtümern und Opferstätten.

Schließlich siegte die Erkenntnis, dass das Sündige an der Rose weder ihr Duft noch ihre Farbe noch ihre Stacheln waren. Der Umgang der Menschen mit ihr raubte ihr die Heiligkeit.

Es nützte nichts, dass die Hagebutte, die gehaltvolle Herbstfrucht, ein wichtiges und kostenloses Nahrungsmittel im nicht gerade mit Wildfrüchten gesegneten Norden war. Schon der Name *Butte* war den Missionaren suspekt. Übertrug er doch die Vorstellung vom «Butz», dem Zwerg mit den Zauberkräften, auf die gesamten Wildrosenpflanzen. Zuerst musste die Wildrose als Heilpflanze anerkannt und der Rosenkult der Römer und Ägypter jenseits der Alpen zurückgelassen werden, dann erst konnte sie zur «Rosa mystica» erhoben und zu Ehren Mariens in bildlichen Darstellungen auf Altären, Wand- und Deckenfresken in unseren Kirchen Einzug halten oder in Liedern, Gebeten und Litaneien verherrlicht werden.

Entstehung des Rosenkranzes

Mit dem Jahr 1212 haben wir eine sehr genaue Angabe über die Entstehung des Rosenkranzes. Der Heilige Dominikus hatte während der Albigenser-Kriege eine Vision der Jungfrau Maria. Sie zeigte ihm einen Rosenkranz und befahl ihm, das Beten des Rosenkranzes zu verbreiten. Die Verwendung von Samen des Indischen Blumenrohrs, von Johannisbrot, Pimpernuss und ähnlichen asiatischen Gewächsen als Grundbestandteile dieses Rosenkranzes bestärkt die andere These, dass der Rosenkranz asiatischen Ursprungs sei. Tatsache ist, dass er im Lamaismus, dem tibetischen Buddhismus, Verehrung findet. Ob das Wissen über seine Verwendung bei religiösen Ritualen im Kamelgepäck über die Seidenstraße transportiert worden ist, bleibt ungeklärt.

Es würde den Rahmen dieses Buches sprengen, alle Rosenhage aufzählen

Abb. 77: Rosengirlande aus dem Wildrosenfenster, 19. Jh.

zu wollen, die Maria vom Mittelalter an umranken. Das Bild der «reinen Marien-Seele», der Rose sondergleichen, erfüllte die gotischen Dome. Fortan war die Rose – im europäischen Raum – weder in ihrer Wild- noch in ihrer Zuchtform von einem Marienbild mehr wegzudenken. Sie feierte unentwegt die «Himmlische Hochzeit» mit.

Die Rosette der gotischen Dome verschlüsselt in ihrer Geometrie universales Wissen über die Idee der Rose und ihren göttlichen Ursprung. Durch sie erstrahlt das Innere des Kirchenraumes in dem rosenfarbenen, «mystischen Licht». Immer wieder müssen wir uns fragen, welches «Licht der Erkenntnis», welches Wissen die Kreuzfahrer aus dem Orient verschlüsselt mitbrachten. Das Licht, in dem das Weltenei erstrahlte, war das Anubische Licht der Ägypter. Es war das Licht vor der Schöpfung der Welt. Was wussten die Baumeister der gotischen Dome über die Erzeugung dieses Rosen-Lichtes? Bis auf den heutigen Tag trägt die «Hunds»-Rose in sich ein Geheimnis.

Die Rosengeschichte geht ihren Gang in die «Welt». Aus dem Marien-Dienst entwickelt sich der weltliche Minne-Dienst. Er ist ein an die verheiratete Frau gerichteter Marienkult, denn nicht der eigenen Frau galt die Minne, sondern einer «mystischen Freundin», der «Rose». Stammen all die blumigen Mädchennamen von diesem «minnigen» Rosenstock? Welches Rosengeheimnis tragen sie durchs Leben, die Rosamunden, Rosalien, Rose-Marien, Rösles, Rosalinden, Roswithas …?

Die Wildrose als Nutzpflanze

Während in früheren Zeiten eine Wildrosenhecke um Heiligtümer und Wohnstätten einen Schutzwall bildete, konzentriert sich das Interesse heute auf die wirtschaftliche Verwertung der Hagebutten aufgrund ihres hohen Gehaltes an Vitamin C und anderer die Gesundheit fördernder Substanzen. Zu diesem Zweck gibt es z.B. in Chile einen gezielten, wissenschaftlich begleiteten Anbau, mit allen Gefahren einer Monokultur.

Rosenhecken als schützende Umfriedungen

Ein Wildrosenhag hat bereits zur Kelten- und Germanenzeit die Heiligen Bezirke umfriedet. Die Götter im Schutz der Rosenhecken feiern und verehren bedeutete, von dem überirdischen Duft der Blüten, vor allem aber dem duftenden Rosengrün der *Rubiginosa* eingehüllt zu sein. Auch Haus und Hof waren umzäunt mit dem natürlichen Schutzwall der Hagdorne. Ruhe und Schlaf der Bewohner waren gesichert. Die stacheligen, kletternden und Dickichte bildenden lebenden Umhegungen sollten schützen, aber auch verbergen.

Hagebuttenfunde aus den Pfahlbauten am Bodensee sprechen für eine sehr frühe Verwendung dieser Pflanze, zumindest ihrer Früchte.

Die verschiedenen alten Namen, die wir zusammentrugen, geben Aufschluss darüber, dass der Hagdorn, Wepeldorn, Nypendorn eben vielerorts bekannt war und sicherlich als wertvolle Herbstfrucht auch genutzt wurde. In alten Rezeptbüchern sind immer wieder Varianten der Zubereitung von Hägenmark, Hagebuttenmus, Kernlestee, Hägenwein und so weiter zu finden.

Hägenmark

Lange Zeit war das Hagebuttenmus, das Hägenmark, nur im Süddeutschen Raum auf Märkten zu finden, denn die Hagebutten wurden in der Region selbst geerntet und vor Ort verarbeitet und verkauft. Inzwischen läuft der Import aus Bulgarien und Rumänien so gut, dass es auf dem deutschen Frühstückstisch keine Rarität mehr darstellt. Die Hagebutte erlebt eine Renaissance. Die Gesundheitsvorsorge schenkt den Vitaminen große Aufmerksamkeit. Der Gehalt an natürlichem Vitamin C ist in den frischen Früchten besonders groß. Die neuesten Zahlen vom 17. Januar 2000 melden von 500 mg bis zu 2500 mg Vitamin C auf 100 Gramm Fruchtschalentrockengewicht. Sie entstammen der Forschungsarbeit von Dr. Rosemarie Wilckens und Anderen der Universidad de Concepçión, Facultad de Agronomia in Chillan. Die

78

79a

79b

79c

Schwankungsbreite erklärt sich aus dem Zeitpunkt der Ernte und dem Ursprungsgebiet. Der höchste Vitamin C-Gehalt liegt nicht in der vollreifen Hagebutte vor, sondern in einem Reifestadium, das sich durch die Farben Dunkelorange bis Hochrot beschreiben lässt. Der Vitamin C-Gehalt von Hagebutten liegt weit über dem der untersuchten Orangen. Auf 100 Gramm Saft wurden maximal 55 mg Vitamin C gemessen.

Für die Gewinnung von natürlichem Vitamin C oder auch als direkte Fruchtquelle sind die Hagebutten von unschätzbarem Wert. Allerdings werden diese extrem hohen Vitamin C-Gehalte nur in Chile erreicht. Auch die Qualität des Hagebuttenkernöles aus den chilenischen Regionen soll selbst der des argentinischen Öls noch überlegen sein.

Die reife Hagebutte weist weitere hochwertige Inhaltsstoffe auf, und die Vitamine bleiben selbst bei Erwärmung auffallend stabil. Herman de Vries zählt als Wirkstoffe der Hagebutte auf: Gerbstoff, Pectinsäure, Saccharose, Invertzucker, Fruchtsäuren, ätherisches und fettes Öl, Lycopin, Xanthophyll, Flavone, Lecithin, Vitamine C, A, B1, B2, K und P.

Lycopin, so die neueste Studie der Bundesforschungsanstalt von 1998, ist in seiner Wirksamkeit als Zellschutzfaktor zehnmal stärker als andere Carotinoide. Es erhöht die Anzahl der Killerzellen im Blut, senkt das Risiko bei Magen-, Darm-, Lungen- und Prostatakrebs, schützt vor freien Radikalen, senkt das Herzinfarktrisiko.

Wie eingangs erwähnt, fand Hagebuttenmus einen großen Absatzmarkt in den USA; als wertvolle, überaus preisgünstige Ergänzung zur Tomate macht es Ketchup zu einem wertvollen Nahrungsmittel. Lieferant ist Südamerika. In Chile wie auch in Argentinien werden die riesigen Wildareale im Februar und März «abgeweidet». Die Arbeit ist in jeder Hinsicht beschwerlich. Die Gebiete können oft nur mit Pferden auf kleinen Trampelpfaden erreicht werden. Das Pflücken erfolgt mit aus Holz geschnitzten Kämmen oder Metallschaufeln, die kammartig geschnitten sind. Dabei kann natürlich nicht nach Farbnuancen und möglichst hohem Vitamin C-Gehalt sortiert werden. Der Transport geht oft über große Entfernungen zu den Trockenanlagen und weiterverarbeitenden Betrieben. Selten liegt eine Fertigungsanlage so zentral wie die der Timmermanns in Yumbel. Trotz dieser Schwierigkeiten wurden 1997 etwa 30000 Tonnen Hagebutten vermarktet. Weltweit wächst die Nachfrage nach dieser wertvollen Wildrosen-Frucht.

An Überlegungen zur Ertragssteigerung, mehr noch zur größeren Wirtschaftlichkeit des Hagebuttenmarktes fehlt es nicht. Zunächst sind es die großen Entfernungen und die schwierigen Transportverhältnisse, die Stimmen laut werden lassen, welche fordern, Kulturen auch in der Ebene oder im flachen Hügelland anzulegen. Als Folge würde eine Standardisierung der Wirkstoffe möglich. Das Pflücken könnte, entsprechend des Reifegrades, in Etappen vorgenommen werden. Noch einmal zitiere ich aus dem Bericht von Dr. Wilckens vom Januar 2000: «Im Jahre 1995 startete ein Projekt über Hagebutten, in Zusammenarbeit mit der Sociedad Agricola y Forestal Casino. Als erstes wurden wild wachsende Hagebuttenpflanzen zwischen Cauquenes (ca. 35° S) und Lumaco (ca. 38° S) gesammelt und in einem Garten auf dem Campus Chillan gepflanzt. Das Ziel war, Pflanzen mit höchsten Hagebutten-Erträgen, hohem Vitamin C-Gehalt und optimalen Wachstumscharakteristika auszusuchen. Diese sollten anschließend massiv vermehrt werden, um Hagebuttenplantagen anzulegen, deren Früchte vorwiegend für nach Europa exportiert werden sollten. Anhand der morphologischen Merkmale wurde festgestellt, dass in dieser Gegend *Rosa rubiginosa* als Hauptsorte wächst, nur selten *Rosa moschata*. Die Vermehrung der Pflanzen erfolgte mittels in vitro-Zellkultur durch Ableger (Absenker), Stecklinge oder aus Samen. Wenn die Pflanzen auf unbewässertes Land gesetzt werden sollen, muss die Umpflanzung im Herbst erfolgen. Unter Bewässerung ist es günstiger, im Frühjahr umzupflanzen, sogar bis ins fortgeschrittene Frühjahr hinein. Pflanzendichte 4.400 Pflanzen pro Hektar. Im 4. Jahr nach der Pflanzung beträgt der Ertrag ca. 2000 Gramm pro Pflanze. Ertragssteigerung erfolgt durch Bewässerung und organische Düngergaben. – Das Ausschneiden des alten Holzes ist notwendig, um die Pflückarbeit zu erleichtern. Wildrosenanbau gibt es inzwischen in Pemuco am Fuße der Andencordillere und in Trehuaco auf der Westseite der Küstenkordillere. Dort ist es regenreicher, während die Anlage in Coelemu auf der Ostseite der Küstencordillere in einem Trockengebiet liegt. Die Auswertungen dieser neuen Anbaugebiete fehlen noch.»

Die Überlegungen und Planungen münden in Monokulturen. Die Gefahr einer solchen Monokultur ist ein Pilz, der zur Vernichtung von Brombeergestrüpp ausgesetzt wurde. Dieses Rosengewächs hat es in Chile geschafft, völlig undurchdringliche Dickichte über große Landschaftsstriche zu ziehen, sodass diese nicht mehr als Weideland nutzbar sind. So wird schon seit langer Zeit versucht, mit Hilfe der Brombeerkrankheit ganze Landschaftsstriche wieder einer anderen Nutzbarkeit zuzuführen. Leider sah ich in Mittelchile auch

Abb. 78: Feurige Fülle glüht am Rosenstrauch.

Abb. 79: Hagebuttenverarbeitung bei Timmermann in Yumbel, Chile
a) Aufbrechen der vorgetrockneten Hagebutten
b) Trennung von Schale und Kern
c) Sammlung der Kerne zur Ölproduktion
d) Dr. Wilckens in der Rosenkultur der Universität de Chillan

80a

80b

80c

schon durch diese Krankheit vernichtete Wildrosenkulturen. Meine Anregungen gelten möglichst naturnahen Rosenkulturen. Sie müssten einige Aspekte berücksichtigen, die ich von den Anden-Wildrosen «gelernt» habe.

Wie könnte so eine Wildrosenkultur aussehen? Die Frage nach der Bodenbeschaffenheit ist nicht schwer zu beantworten: Durchlässigkeit muss gegeben sein entweder aufgrund des Kalkgehaltes oder des Lava-Sand-Anteils. Auf rosenfarbenem Granit-Gestein, das offensichtlich einen höheren Mangananteil enthält, fand ich ganz besonders starke Rosenbüsche. Sie waren außerdem stark dem Wind ausgesetzt und ständig in Bewegung. Durch Windbruch oder Schneebruch im Winter war es vermehrt zu einem Einkürzen der Langtriebe gekommen. Das hatte zur Folge, dass der Fruchtansatz teilweise auf das Vierfache gestiegen war, indem an einem Kurztrieb, der normalerweise höchstens vier Hagebutten zur Reife bringt, bis zu sechzehn stattliche Hagebutten herangereift waren. Durch das Stauchen des Langtriebes kam es außerdem zu einer Verdichtung der Kurztriebe, was zu einem wesentlich höheren Ertrag führt. In einer Wildrosen-Kultur wäre also ein gezielter Schnitt sinnvoll oder das Ziehen der Langtriebe an Querspalieren, wie wir es bei Brombeeren zu tun pflegen. Auch im alten Persien soll es schon Rosenspaliere gegeben haben.

Das Schneiden der Langtriebe zur Zeit des Austriebs könnte eine zusätzliche Vermarktung der Wildrose eröffnen. Die *Rosa rubiginosa* erzeugt, wie wir gesehen haben, in ihren Millionen von Drüsenköpfchen das ätherische Öl.

Nur wenige Hersteller von Körperpflegemitteln komponierten bisher eine ganzheitliche Rosenkosmetik auf Wildrosen-Basis. Meistens wurde das ätherische Blütenöl von gefüllten Rosenarten wie den ergiebigen Centifolien genommen und mit dem Kernöl der Hagebutte vermischt, sogar mit Fremdölen wie dem von Jojoba oder Avocado. Als authentischere, vollkommenere Komposition stelle ich mir aber den frischen Duft des Rosengrüns gemischt mit der herbsüßen Reife des Kernöles vor. Chemisch hätte diese Mischung den Vorteil, dass das eher zum Ranzigwerden neigende Kernöl durch die Phenole des ätherischen Öles vor Oxidation geschützt würde.

Der Nutzpflanze Wildrose steht noch eine spannende Entwicklung bevor.

Die Wildrose als Heilpflanze

Die medizinische Verwendung der Wildrose ist bereits bei den Römern bezeugt; sie zieht sich bis in die Gegenwart hinein. Dabei stellt sich natürlich die Frage, wodurch eine Pflanze zum Heilmittel für den Menschen werden kann. Nicht nur das Phänomen der Resonanzen kann eine Antwort geben, sondern auch der Blick auf künstlerische Darstellungen, aus denen die seelische Heilkraft dieser Pflanze spricht. Es entsteht schließlich das Bild einer Pflanze, die wie kaum eine andere zur «Göttlichen Heilerin alles Leidens» werden kann.

Die heilenden Prinzipien der Wildrose • Die Welt als Matritze göttlicher Nachrichten und die Verwandlung des Feuers

Die heilenden Prinzipien der Wildrose

«Drei Früchte des Hegdorns nüchtern in der Neujahrsnacht verschluckt, birgt vor Unheil und Krankheit das folgende Jahr.» Nach Drudenfuß und Zaubernuss klingt diese Empfehlung. Dennoch möchte ich sie einer ernsthaften Betrachtung zuführen, sie überprüfen und die stets aktuelle Frage stellen: Wie ereignet sich Heilung? Welche Wege führen zu Heilungsprozessen, die aus Scheu vor den «geheimen Kräften» oftmals unbegangen bleiben?

Plinius Secundus der Ältere schreibt in seiner *Naturkunde*: «Neulich sah die Mutter eines Soldaten, der bei der Leibwache diente, im Traum, sie solle die Wurzel der wilden Rose, Hundsrose genannt, die sie am Tage vorher in einem Gesträuch durch ihr Aussehen erfreut hatte, ihrem Sohn zu einem Getränk schicken. Man kämpfte in Lacetanien, dem zunächstliegenden Teil Spaniens, und der Zufall wollte, dass gerade, als dieser Soldat infolge des Bisses eines tollwütigen Hundes anfing, Abscheu vor dem Wasser zu bekommen, der Brief der Mutter eintraf, worin sie bat, man möge dem göttlichen Rat folgen; der Soldat wurde gerettet, und später suchte jeder auf ähnliche Weise Hilfe.»

Abb. 80:
a) 16-facher Hagebuttenansatz nach Schnitt der langen Triebe
b) drei Monate alte «Rosa rubiginosa-Kinder», von Reinhold Schneider gezogen
c) auch die Rosenwurzelrinde ist feuerdurchglüht.

Hilfe bei seelischer Not

Ein zweites Beispiel schildert die Rose im Zusammenhang mit seelischer Not: «Es war eine große Müdigkeit und Unlust zum Leben über sie gekommen, ein Gefühl der Einsamkeit und Nutzlosigkeit, sie mochte nicht aufstehen und essen, nur liegen, hindämmern ...» Was H. Christaller in ihrer Novelle an Symptomen beschreibt, kennen wir als Depression; «seelische Anämie» nennt sie Dr. Eduard Bach und verordnet die Blütenessenz «Wild Rose». In der Novelle wird das Problem dadurch gelöst, dass der Gärtner drei Körbe voll Rosen ins Krankenzimmer schleppt, die Rosen über das Lager, das Kopfkissen, den Teppich streut, die Hände der Kranken damit bedeckt, die leeren Vasen füllt. «Da richtete sich etwas in Renate auf, sie atmete tiefer, Farbe stieg in ihre Wangen ...»

Resonanzbeziehung zwischen Mensch und Rose

Wir werden die Resonanzbeziehung zwischen Rose und Mensch aus den verschiedensten Perspektiven durchleuchten müssen, um gerade diese Pflanze als Heilpflanze verstehen zu lernen. Wir müssen die Aufmerksamkeit von der äußeren Erscheinungsform mehr auf die feinstofflichen Energien, auf die Wesenheit, die «Idee der Rose» richten, die letztendlich für Leben und Gesundheit verantwortlich sind. Monika Bissegger drückt das so aus: Jede Substanz wird durch den Prozess der Vermenschlichung zur Heilsubstanz umgeschaffen.

Das Studium des Wesens der Pflanzen, die Beschäftigung mit Kunst, Medizin und Religion vieler Kulturen, die Erkenntnissschau der Medizin- und Klosterfrau Hildegard von Bingen, der Homöopathen Hahnemann, Kent und Clarke und die um die Geisteswissenschaft erweiterte Naturwissenschaft Rudolf Steiners gaben die Basis für meine eigenen Erfahrungen mit Heilung.

Die «morphogenetischen Felder» (Rupert Sheldrake)

Begeben wir uns mit der Erkenntnis des Molekularbiologen Rupert Sheldrake in die von ihm als «morphogenetische Felder» bezeichneten Energien, so können wir sagen, dass sich Heilung sowohl im substanziellen als auch im substanzlosen Bereich ereignet; und wir begegnen der Wildrose als einer unserer wirksamsten Heilpflanzen. Die morphogenetischen Felder der Rosenmärchen, der «Träume von Rosen und Feuer» (Eyvind Johnson), der Rosenlieder und Rosenlyrik, der Rosenrituale, der Rosentage – der zehnte Hochzeitstag ist die Rosenhochzeit –, der Rosensinnbilder in der Kunst, sind heilende Paradiesgärten.

Zahlreiche Heilungserfolge gehen auf die Anwendung der «Gesamtpflanze» Wildrose zurück. Die höchste, universale Verdichtung der Pflanzenenergie aber stellt der Same dar

Anwendungen im Mittelalter

Karl der Große verlangte den Wildrosenanbau zu medizinischen Zwecken. *Rosa canina*-Arten stehen in den Kapitularien an erster Stelle der Pflanzen, die unbedingt in seiner Kaiserpfalz angebaut werden sollten. Als «Pflanze gegen den Tod» verzeichnet das *Lexikon des Mittelalters* die Anwendung der *Rosa rubiginosa*. «Samen, Saft und Wurzel konnten bei Zahnschmerzen, Blutspeien, Magenschwäche, Verstopfung, Fieber ...» heilend eingesetzt werden. Aufgrund dieser Erkenntnisse hielt die *Rosa rubiginosa* auch Einzug in den *Hortulus* des Walahfrid Strabo auf der Reichenau, in den Klostergarten von

Abb. 81: Der Vitamin C-Gehalt der Hagebutte hat sein Maximum erreicht, Erntezeit.

Abb. 82: Sanddorn und Hagebutte ergänzen sich in der Kultur und im Heiltrunk.

Sankt Gallen und am Disibodenberg in der Pfalz, wo Hildegard von Bingen ihre ersten Medizin- und Pflanzenstudien betrieb.

Gegen Kopfweh als Folge einer Magenverstimmung empfiehlt Hildegard: «Nimm Olivenöl und ein bisschen weniger Rosenwasser und bringe beides in einer Pfanne zum Kochen.» Sie gibt noch etwas von einem Nachtschattengewächs zu und verordnet weiter: «Reibe dann den Kranken, wenn er Schmerzen hat, an seinem Scheitel, seinem Schädel, auf der Stirn und an den Schläfen ein und umwickle seine Stirn und Schläfen mit einem wachsgetränkten Leinentuch.»

An einer anderen Stelle von *Causae et Curae* legt Hildegard ihre Erfahrung bei «feurigen Augen» nieder, d.h. bei Augen, die vor Schmerz brennen. Sie mischt Rosensaft, dessen Gewinnung sie an dieser Stelle nicht verrät, mit Fenchelsaft und Veilchensaft zu einer Flüssigkeit, die als Kompresse vor dem Schlafengehen kühlend wirken soll. Da die feurigen Augen vom inneren Feuer stammen, vertreibt die milde Kühle der Rosenblütenblätter Schwachsichtigkeit und den brennenden Schmerz. – Rose, die Pflanze, die das Feuer verwandelt!

Der als «Kräuterpfarrer» bekannt gewordene Kneipp empfahl Hagebuttenaufkochungen bei Blasen-und Nierenleiden und die Blumenblätter als Mittel zur Lösung von Magenkrämpfen. Letzteres erinnert mich an meine letzte Fahrt mit dem knatternden Kleinbus von Chillan zum Refugio, zusammen mit zwei jungen Männern aus Santiago. Ich erfuhr, dass Hagebutten-Kaffee ein ausgezeichnetes Magenmittel bei Schleimhautentzündungen darstellt: «Der Großvater röstet die Hagebuttenkerne sehr behutsam, bis sie trocken sind und eine dunkelgoldbraune Farbe annehmen. Daraufhin werden sie in der Kaffeemühle sehr fein gemahlen und bei Bedarf wie Malzkaffee zubereitet und getrunken.»

Bachblütenessenz «Wild Rose»

Wesentlich «zarter» ging der Arzt Dr. Eduard Bach mit der Wildrose um. Als Bachblütenessenz «Wild Rose» sammelte er den Frühtau ein, der sich auf den frisch entfalteten Rosenblättern als Kondensat des Duftes abgeschieden hatte. Wen wundert es, dass diese Medizin belebend auf die Psyche wirkt?

Es kann nicht der Sinn dieses Buches sein, alle Rezepte über die Rose, die man in Kräuterbüchern findet, wiederzugeben. Es geht mir bei der Wiederbelebung dieses alten Heilmittels um eine neue Sichtweise, um eine «Gesamtschau», die heute aufgrund zahlreicher ethnologischer, naturwissenschaftlicher und historischer Quellen möglich geworden ist. Ich verweise aber auf Margret Demleitner, Heilpraktikerin aus München. Sie hat im *Forum für Aromatherapie* diesem alten und wiederentdeckten Wissen ein ganzes Heft gewidmet: Vom Rosenpudding Kaiser Neros bis zur Möhrensuppe mit Rosenbutter.

Aceite rosae – kaltgepresstes Hagebuttenkernöl

Von Tschirch werden um die Jahrhundertwende die Hagebutten der *Rosa rubiginosa* und *villosa* als die vollkommensten und wertvollsten an heilwirksamen Inhaltsstoffen genannt. Dies entspricht der Analyse der Universidad de Concepçión vom 28. Dezember 1998. Das Zertifikat bezieht sich auf frisches, kaltgepresstes Hagebuttenkernöl aus den Wildsammlungen um Yumbel in Chile. Dieses kaltgepresste *Aceite rosae,* wie es die Chilenen nennen, weist in der Gas-Chromatografie essenzielle Fettsäuren auf mit interessanten Werten, was die Linol- und Linolensäuren betrifft. Werden diese Fakten von der Lebensmittelindustrie erst einmal wahrgenommen, dann wird die Hagebutte eine neue Wirtschaftsgeschichte einleiten. Erkennen wir, dass das große Problem des erhöhten Cholesterinspiegels sich auf diese sanfte Art und Weise senken lässt, dann schenkt sich uns die Rose völlig neu.

In der Dermatologie

Vorläufig laufen vermehrt medizinische Versuche in der Dermatologie. Das kaltgepresste Rosenkernöl kann ohne Bedenken auch bei großflächigen Brandverletzungen angewendet werden, wie Ergebnisse aus der Klinik in Santiago de Chile nachweisen. Das stark regenerierend wirkende Agens fördert die Granulation mit sauberer Narbenbildung. Auf alle ekzematischen Veränderungen wirkt es lindernd, und es wäre an der Zeit, auf dem schwierigen Gebiete der Neurodermitis seine ganzheitliche Heilwirkung zu testen. Freilich ist Voraussetzung eine schonende Kaltpressung; mit der von Luis Hinrichs entwickelten Technik gelingt es erstmals, die Kerne sorgfältig aufzuschlitzen, die Kernschale von den Samen problemlos zu trennen und die zwei Keimblatt-Speicher gesondert und sanft, ohne großen Druck, auszupressen. Der zu hohe Pressdruck war es gewesen, der die ersten Pressungen qualitativ unzureichend machte.

Wer jemals dieses reine, nach zarter Reife duftende Öl auf seiner Haut spürte, kann der über viele Stunden anhaltenden Samtigkeit nicht widerstehen. Unsere Körperwärmehülle geht eine neue Verbindung mit der kosmischen Hülle ein. Gereift, verwandelt und geedelt umfängt uns die Frucht.

Das chilenische Rosenöl trägt in sich die ganze Fülle eines Rosenlebens: den wolkenlos blauen Sommerhimmel, die Glut der großen Morgen-, Mittag- und Abendsonne, die tiefe Klarheit der strahlenden Sternen-Nacht unter dem «Hund» und dem «Kreuz des Südens», das unterirdisch brodelnde Feuer der Andenvulkane, die unendliche Weite des Weltenatems, des Windes, den kostbaren Morgentau. Ein «göttliches Geschenk» nannten die Perser das aus den Blütenblättern gewonnene Rosenöl. Wieviel mehr an göttlicher Vollkommenheit enthält das reine Öl aus der vollendeten Frucht!

Energiepotenzial und inneres Feuer

Mit dem Ansatz eines neuen Heilungsverständnisses tritt auch die Beziehung zwischen Rose und Mensch in ein neues Licht. Laut Dr. Eduard Bach entfaltet sich im Menschen, der die Blütenessenz «Wild Rose» einnimmt, ein Energiepotenzial, ein inneres Feuer, das er beschreibt als vitales Interesse am Leben, Gefühl innerer Flexibilität und Freiheit, freudigen Willen, sich den inneren Lebensgesetzen hinzugeben.

Anastasia Geng verstärkt die Wirkung der Bachblütenessenzen, indem sie zu den einzelnen psychologischen Aspekten Heiltänze konzipiert. Der moderne Heiltanz und die Heileurythmie beruhen auf der Urerfahrung des Menschen, dass der eigentliche Heilungsweg nur durch Findung und Kräftigung der eigenen Mitte erfolgen kann.

«Wild Rose»-Tanz

Der «Wild Rose»-Tanz ist ein Reigentanz, bei dem wir uns alle verschließen und dann weit öffnen. Wir tanzen die Metamorphose. Aus der Vogelschau entsteht der Grundriss einer Wildrosenblüte. Wir tanzen zu unserer eigenen Mitte und spiralig nach außen. Rosenblatt um Rosenblatt entfaltet sich. In der Beziehung zwischen Rose und Mensch tritt der «freudige Wille» zutage, schreibt die erfahrene Sozialpädagogin und psycho-onkologische Beraterin Gerlinde Weid in ihrer Analyse der Bachblütentänze. «Der gute Wille ist freudig. Die transpersonale Selbstverwirklichung und Identifikation mit der universalen Wirklichkeit wird Glückseligkeit genannt.» Glückseligkeit gleicht dem Duft der Rose, sie ist die subtilste Transformation des Feuers, manifestiert in der Liebe, der All-Liebe.

ER tanzt aus schierer Freude,
Die Schöpfung gewinnt Gestalt.

So klingt die Aufforderung zum kosmischen Tanz im Tamil-Veda. Der «Tanz des Universums» spiegelt sich in den Planetenbahnen. Der «Stern der Liebe», Venus, tanzt auf ihrer Umlaufbahn innerhalb von acht Jahren – von der Erde aus gesehen – das Bild der fünfblättrigen Rosenblüte. Diese Erkenntnisse werden uns von der Astrophysik rechnerisch und mit Hilfe von Instrumenten beweiskräftig vermittelt; doch Menschen mit sensibler Wahrnehmung haben diese Resonanzen stets individuell erfahren oder erleben sie heute noch. Wenn die Schöpfung Gestalt annimmt, findet ein Stoff-Wechsel statt vom Geistigen ins Materielle. Im «irdischen» Tanz vollziehe ich den umgekehrten Weg; ich stoffwechsle vom Personalen ins Transpersonale, von der realen Rose, die als Tanzbild entsteht, in die Rosen-Idee und damit zurück zum Ursprung.

Im «Wild Rose»-Heiltanz vereinigen wir uns gesundend mit allem, was im morphogenetischen Feld der Wildrose schwingt.

Kehren wir noch einmal zu den Ägyptern zurück und betrachten die Hieroglyphe, die nach Krüssmann die älteste Rosendarstellung wiedergibt.

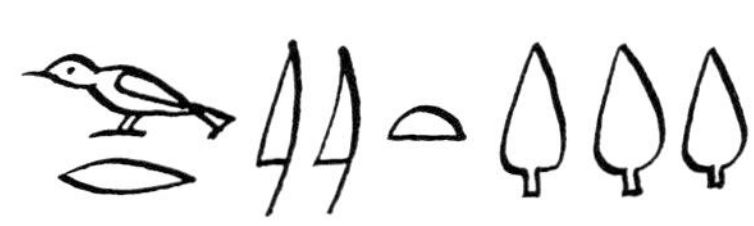

Abb. 83: Altägyptische Hieroglyphe für «ouert»

Auf wenigen Quadratzentimetern breitet sich das Rosengeheimnis aus: die Nachtigall, zwei Stacheln, drei Staubgefäße. Zusammen ergeben die senkrecht stehenden Zeichen die Zahl 5. Wir entdecken das Auge und erinnern uns an «Dornröschen» und die «schlafenden Augen». Sirius heißt der «Augenstern». Unübersehbar bilden diesen Augenstern die nach dem Ausfallen der Blütenblätter sternförmig stehenden zipfeligen Kelchblätter. Sirius, der

Abb. 84: Züngelnde Flammen: Der Feuerimpuls reicht bis in die trockenen Kelchblätter.

hellste Fixstern, steht im Sternbild «Großer Hund»! Der Name Hundsrose hat also eine doppelte Aussage. Er bezieht sich auf das Sternbild, das auf der Nordhalbkugel im Rosenmonat Juni zusammen mit den Zwillingen und der Sonne am Taghimmel steht, und zugleich auf die höchst entwickelte grüne sternartige Kelchblattform.

Sirius, der «Augenstern»

Der «Sirius» der Rose, der Kelchstern, erstrahlt bei *Rosa rubiginosa* während der gesamten Blüte- und Reifezeit, erst hell-grün, dann golden-grün und schließlich schwarz. Die Rose gleicht somit dem geistigen Prinzip des Sirius, der die helle und die dunkle Sonne in sich birgt. Sirius (Stern), Rose (Pflanze), Hund (Tier), Mensch – das ist die universale Verknüpfung! Über die Kunst können wir dieses alte Wissen aufschließen, denn Künstlern gelang es immer wieder, geheimes Wissen verschleiert oder transformiert zu bewahren und auch weiterzureichen.

1520 malte Horst Burgkmaier diese universale Verknüpfung als *Vermählung der heiligen Katharina* auf Lindenholz. Ein mächtiger Wildrosenstock bildet den Mittelgrund dieser «mystischen, himmlischen Hochzeit». Nur Blätter und Dornen sind zu erkennen, keine Blüten. Die Botschaft der «Unio mystica» liegt hier im Rosen-Grün.

Rosenerfahrung bei Heinrich Seuse

Viel deutlicher finden wir die Rose als Sinnbild dieser Botschaft bei Heinrich Seuse. Diesem Dominikanermönch gelang es im 14. Jahrhundert, seine visionären Erlebnisse und seine Gedanken schriftlich niederzulegen. Als seine Schriften, darunter die Lebensbeschreibung, dann im 15. Jahrhundert gedruckt wurden, wurden sie mit kolorierten Holzschnitten versehen. Die beiden hier wiedergegebenen sind Bilder von archetypischen Dimensionen. Sie künden von tiefen Erfahrungen des Menschen mit seinem höheren Selbst, wie sie Jahrhunderte vor Christus gemacht, aber durch den Christus-Impuls auf eine neue Ebene gehoben wurden. Auf beiden Darstellungen wird der Wildrosenbusch zum Weltenbaum. Christus überwächst ihn und damit das Leid der Welt. Auf dem ersten lässt der kindliche Christus – erkennbar am Kreuznimbus – die Weisheit durch Schütteln der Äste so auf den Mönch-Menschen herabregnen, dass er von den die Botschaft tragenden Rosenblüten und Zweigen überschüttet wird. Auf beiden Bildern wachsen die Wurzeln des Weltenbaumes aus unbekannten Tiefen, aus denen er seine Lebens- und Rosenkraft schöpft. – In der *Anbetung des Gekreuzigten* jedoch enthüllt der Mönch seinen Leib und zeigt, wie weit er die Rosenkraft schon erfahren hat. Auf seinem «Dantian» – so bezeichnet der Chinese das Feld höchster Lebensenergie unterhalb des Nabels – erscheint die elfte Rosenblüte; die anderen zehn sind auf seinem Gewand zu sehen. Das heißt, dass sein Rosenweg in die Vollkommenheit (das wäre die Zwölf) noch nicht vollendet ist. Dass der Mönch den Achtfachen Pfad kennt, ist durch den achtblütigen Rosenkranz auf seinem Haupt, dem Sitz des Erkennens, ausgedrückt. Als Achtfacher Pfad wird der buddhistische Erleuchtungsweg bezeichnet. – Alle an dem Geschehen Teilnehmenden verbindet die Farbe Rot: das purpurne Rosenrot, das Blutrot, die Farbe des Feuers.

Abb. 85: Holzschnitte aus dem 15. Jh. zur Botschaft von Heinrich Seuse

Die Wildrose verwandelt das unsichtbare göttliche Feuer in das sichtbare, körperlich erfahrbare, mit allen Sinnen erlebbare Feuer. Sie verwandelt es dank ihrer Grünkraft in das Rosenrot der Blüte, in das Feuerrot der Hagebutte, in den Liebes-Duft des ätherischen Öles, in die Lebenswärme des fetten Kernöles, in das Augenfeuer des gesundenden Blicks. Die Wildrose wird so zur «Göttlichen Heilerin allen Leidens», wie Seuse es uns vermitteln will. Edgar Cayce drückt das mit zeitgemäßen Worten so aus:

«Alle Kraft, alle Heilung jeglicher Art ist eine Veränderung der Schwingung von innen, die Einstimmung des Göttlichen im Inneren des lebenden Gewebes eines Körpers mit den schöpferischen Energien. Wie immer das geschieht, es ist die Harmonie der atomaren Struktur der lebendigen Zellkräfte mit ihrem geistigen Ursprung. Denn alle Heilung kommt aus der Quelle.»

Die Welt als Matritze göttlicher Nachrichten und die Verwandlung des Feuers

Für die Dogon in Afrika ist die Welt «die Matritze göttlicher Nachrichten». War sie das nicht auch für alle Rosen-Mystiker des Mittelalters? Ist sie das nicht auch für uns? Woher kommt die göttliche Nachricht? Vom Sirius, sagen die Dogon, von dort brachte Nommo das Wissen. Sirius ist der hellste Fixstern, hellstes Licht. Wie kommt das Licht auf die Erde, wie manifestiert es sich? Durch Nommo, den Schmied, sagen die Dogon. Als h x ny in der Photosynthese, sagen die Botaniker. Als inneres Feuer, versichern Menschen, die in Liebe miteinander leben.

Was wissen wir vom Feuer? Ich frage Martin. Martin ist Schmied. Er schmiedet Rosen und philosophiert: «Nur Feuer vermehrt sich, wenn man es teilt.» (Ich ergänze in Gedanken: Das gilt auch für die Liebe.) Laut sage ich: «Rosen werden auch durch Teilung vermehrt. Wenn eine reife Hagebutte ihr Haus des Feuers öffnet, dann wird das Feuer in mindestens zwanzig Samen weiterverbreitet.»

Höchste Aktivität nannten die alten Chinesen die Wandlungsphase Feuer. Vor mir entsteht das Rosengrün. «Grün ist erzeugtes Licht, das alle Natur kocht zu goldener Reife», so dichtete Hildegard von Bingen.

Ob wir Feuer, Licht, Photosynthese naturwissenschaftlich definieren oder philosophisch und metaphysisch, allein die sinnliche Erfahrung der Wildrose in ihrer Ganzheit kann uns davon überzeugen, dass sie unaufhörlich im Feuerprozess keimt, blüht und reift.

Feuer der Spiritualität

In seinem Kurs «Schmiede und Wandlung» lehrt der Schmiede-Meister Martin Haag das Sich-Einlassen auf körperliche, geistige und emotionale Prozesse, um das innere Feuer zu wecken. Indem die Hand das Eisen ins Feuer hält und die Rose schmiedet, bricht tief im Inneren eine Rosenknospe auf. Die Rose hat ihren Ursprung in dem Raum, in dem das Feuer der Spiritualität lodert.

Ohne diese individuelle sinnliche Erfahrung wären auch die Träume von Rose und Feuer nicht möglich. Sie weisen in anderer Gestalt auf die transpersonale Dimension der Beziehung zwischen Feuer, Rose und Mensch hin. In *Träume von Rosen und Feuer* von Eyvind Johnson ereignet sich die kosmische Trinität Feuer und Rose und Mensch: «Menschen vergehen – die meisten durch Feuer. Viele aber auch durch Blumen, was dem Feuer gleichkommt.» Und an anderer Stelle: «Dann kamen Gott sei Dank die Rosen zurück ... als sie erwachte, hatte sie drei Dornen in der linken Hand. Die lagen ganz einfach da und stachen nicht ... Es gibt kein anderes Wort, das Lebensduft wie Todesruch so fein und zugleich so prägnant bezeichnen kann wie Lilien und Rosen. Leben und Tod sind gemischt wie Rosenlilien und Lilienrosen.»

Himmlische Hochzeit

Was wäre die Wildrose ohne die Resonanz mit dem Menschen, ohne den, der Heilung sucht und sie als Heilende erkennt?» Erkennen ist im biblischen Sinn ein Synonym für Hochzeit. Rose und Mensch erkennen sich, d.h. sie werden ein Paar. Rose und Mensch feiern die «Himmlische Hochzeit». In dieser Hochzeit verneint der Mensch nicht das materielle Sein der Rose, aber die Photosynthese erfährt im geistigen Sinn die Verwandlung in die Psychosynthese, in die höchste Form des spirituellen Feuers. Die Rose wächst über ihr materielles Wildrose-Sein hinaus und mit dem Menschen in sein Höheres Selbst hinein. In der Erkenntnis dieses Weges liegt das eigentliche Geheimnis der Heilung, das Geheimnis des «Tausendjährigen Rosenstocks».

Wenn ihr die einzelnen Dinge einfach schätzen könnt, so wie sie sind, habt ihr reine Dankbarkeit entwickelt. Obwohl ihr nur eine einzelne Blume beobachtet, schließt diese Blume alles in sich ein. Sie ist nicht nur eine Blume. Sie ist das Absolute. Sie ist der Buddha selbst.» (Suzuki)

Am 23. Januar 1999 heißt es in meinem chilenischen Tagebuch zum letzten Mal: Vamos!

VAMOS!

Die
Hosentaschen
voll
schwarzer
Lava,
möchte ich
den
Duft
der
Rubiginosa
in
meine
mutchila
packen.
Meine
Schuhe
warten
schon
am anderen Ufer.

Ich
verneige mich.

Literatur

Bachelard, Gaston: *Psychoanalyse des Feuers,* Edition Akzente, Hanser, München 1985.
Benrath, Henry: *Die Welt der Rose,* Hans DulkVerlag, Hamburg 1954.
Demleitner, Margret: Vom Rosenpudding Kaiser Neros bis zur Möhrensuppe. *Forum für Aromatherapie,* Heft 1, 1992.
Engel, Fritz-Martin: *Flora Magica,* R. Löwit, Wiesbaden 1966
Fournier, P.*: Encyclopédie Biologique,* XXXII, Le livre des plantes médicinales et vénéneuse de France, III, Edition Lechavalier, Paris,
Frankenberg, Gisela von: *Kulturvergleichendes Lexikon,* Meussling, Köln 1985.
Garcke, August: *Illustrierte Flora. Deutschland und angrenzende Gebiete,* Parey Verlag, Berlin 1972.
Geng, Anastasia: *Bachblüten-Tänze,*Verlag Mechthild Scheffer, Hamburg 1996.
Georges, Jean: *Die Geschichte der Schrift,* Ravensburger Verlag, 1991.
Hempen, Herman: *Medizin der Chinesen,* Bertelsmann, München 1988.
Heüveldop, Carl: *Heimische Beeren in Wald und Flur,* Aschendorff, Münster 1996.
Hildegard von Bingen: *Heilwissen,* Herder Spektrum, Freiburg, Basel, Wien 1997.
Hildegard von Bingen: *Scivias,* Pattloch Verlag, Augsburg 1991.
Johnson, Eyvind: *Träume von Feuer und Rosen,* Classen, Hamburg.
Krüssmann, G.: *Rosen, Rosen, Rosen,*Verlag Paul Parey, Berlin 1986.
Lexikon des Mittelalters, Band 7, Lexma Verlag, München 1995.
Megenberg, Konrad von: *Puch der Natur,* Augspurg 1475.
Meyer, Rudolf: *Den Toten zur Feier,* Verlag Urachhaus, Stuttgart 1973.
Mischler, Tino Cornelius: *Landschaft und Vogelfarben,* Tycho de Brahe Jahrbuch 1992, Niefern-Öschelbronn.
Nachtigall, Werner: Vorbild Natur. Bionik-Design für funktionelles Gestalten, Springer Verlag, Berlin 1997.
– Bionik. Grundlagen und Beispiele für Ingenieure und Naturwissenschaftler. Springer Verlag, Berlin 1998.
Pahlow, Mannfried: *Das große Buch der Heilpflanzen,* Gräfe und Unzer, München 1993.
Pflanzenlexikon, Band 3, rororo, Reinbek 1972.
Reichholf, Josef: *Der schöpferische Impuls,* Deutsche Verlagsanstalt, Stuttgart 1992.
Rijckenborgh, Jan van / Petri, Catharose de: Der befreiende Pfad des Rosenkreuzes. Die Apokalypse der neuen Zeit IV, Stichting Rosekruiz-Pers, Edis, Sauerlach o.J.
Scheffer Mechthild: *Bachblütentherapie,* Hugendubel, München 1992.
Shaykh Hakim Abu Abdullah Ghulam Moinuddin*: Die Heilkunst der Sufis,* Bauer Verlag, Freiburg 1984.
Sheldrake, Rupert: *Engel, die kosmische Intelligenz*, Kösel, München 1998.
Steiner, Rudolf: *Aus der Akasha-Chronik*, Gesamtausgabe (GA) Bibl. Nr. 11, Rudolf Steiner Verlag, Dornach 1986.
– Das Wesen der Farben, GA 291, Rudolf Steiner Verlag, Dornach 1991.
– Die Theosophie des Rosenkreuzers, GA 99, Rudolf Steiner Verlag, Dornach 1985.
Strabo Walahfried: *Hortulus,* Translated by Payne, Pittburgh 1966.
Sudzuki, Fusa: *Chile Agricola,* Febr./März 1995.
Suzuki, Shunryu: *Leidender Buddha, Glücklicher Buddha,*Theseus, Berlin 1998.
Tschirch, Alexander: *Handbuch der Pharmakognosie*, Tauchnitz-Verlag, Leipzig 1909-1927.
Weid, Gerlinde: *Die Willensaspekte der Psychosynthese in Bewegung und Ausdruck in den Bachblüten-Tänzen*, Selbstverlag, 1996.
Westrum, Gerd: *Altdeutsche Malerei,* Wilhelm Heyne Verlag, München 1979.